新版
教育課程・方法論
コンピテンシーを育てる学びのデザイン

松尾 知明

学文社

はじめに

　グローバル化や知識基盤社会が進展する中で，社会を生き抜く力の育成が求められており，コンピテンシーに基づく教育改革が世界的な潮流となっている。新学習指導要領においても，変化の激しい予測の困難な社会に対応して，よりよい未来の社会を築き，自らの人生を切り拓いていくことのできる資質・能力の育成が中心的な課題となっている。そこでは，教育でめざすものが「何を知っているか」から，知識を活用して「何ができるか」へと転換され，学びのイノベーションが求められているといえる。

　これまでは，教科等の内容としてのコンテンツをきちんと教えることが期待されていた。教科書を中心に，指導する内容を考え，知識を確実に定着させることが重視されてきたのではないだろうか。

　それが，新しい教育課程では，資質・能力としてのコンピテンシーの育成が明確に打ち出された。資質・能力の3つの柱に基づき教育課程の構造化が図られ，その実現に向けた学びが推進されることになった。

　教育の目標が，明確な形で，コンテンツ（内容）からコンピテンシー（資質・能力）へと転換されたといえる。

　このことは，別のいい方をすれば，すべての教師が，学びの経験をデザインする時代になったことを意味する。資質・能力を育成しようとすれば，何を知っているかではなく，知識を活用して何ができるのかが問われるようになる。知識を記憶させるような教師主導の一斉指導では対応できない。使える知識にはならないのである。子供の発達や実態に応じた主体的な学びをデザインして，深い理解に導く必要が出てくる。知識を活用して何かができる資質・能力を育むためには，これまでの学びを根本的に見直すことが迫られているといえる。

では，このように教育のあり方が大きく転換される中で，どのようにコンピテンシーを育てる学びをデザインしていけばよいのだろうか。

　このような問題意識に立ち，本書では，新しい学習指導要領の改訂のポイントは何か，どのような資質・能力の育成がめざされているのか，そうした資質・能力を育むためにはいかにカリキュラムを編成し，どんな学びをデザインしていけばよいのか，学びの経験を不断に改善していくためにはカリキュラム・マネジメントをどう進めていけばよいのかなどの問いを追究することで，未来を拓く資質・能力を育むために求められる学びのイノベーションについて検討することを目的とする。

　本書は，学習指導要領の改訂を踏まえて，『教育課程・方法論—コンピテンシーを育てる授業デザイン—』の内容を刷新して，大幅な修正を加えたものである。教育課程論及び教育方法論の教科書として，教職を志す学生の皆さんには広く活用していただきたい。また，資質・能力を育むカリキュラムや授業づくりについての理論と実践について具体的に解説しており，現場の先生方にとっても役に立つ内容となっている。是非，手にとっていただきたい。新しい教育課程が動き出そうとしている今，これからの学びをデザインしていく手引きとして，少しでも貢献できれば幸いである。

　最後に，学文社には本書の刊行をこころよくお引き受けいただいた。また，編集者の落合絵理さんには丁寧な編集作業をしていただいた。心から感謝したい。

　2018 年 2 月

松尾　知明

目　　次

はじめに　1

第1章　資質・能力の育成と新しい教育課程 ………………………………… 10

1. 変化の激しい21世紀の社会と資質・能力　11

　(1) 資質・能力の育成が課題となる背景　11／(2) リテラシーからコンピテンシーへ　11

2. 諸外国におけるコンピテンシーに基づく教育改革の動向　12

　(1) 諸外国の教育改革　12／(2) 国際的な動向の全体像　14

3. 資質・能力の育成と新学習指導要領　16

　(1) 学習指導要領における資質・能力の展開　16／(2) 新学習指導要領で育む資質・能力　16／(3) 育成がめざされる資質・能力—資質・能力の3つの柱　17

　おわりに　19

第2章　学びのデザイナーとしての教師 ………………………………… 21

1. カリキュラムのデザイナーとしての教師　22

　(1) カリキュラムとは　22／(2) デザイナーとしての教師　23

2. 反省的実践家としての教師　23

　(1) 技術的熟達者と反省的実践家　23／(2) 意思決定者としての教師　24

3. 教えることを学ぶために　26

　(1) 教師の力量形成の視点　26／(2) 教師の力量形成の課題—実践を学ぶということ　28

　おわりに　30

第3章　カリキュラムをデザインする基礎知識 ………………………… 32

1. 教育内容の選択　33

　(1) 教育の目的と内容　33／(2) 教育内容選択と3つの歴史的系譜　33／

3

（3）教育の目的と内容を求めて　35

2．教育内容の組織化　35

（1）スコープとシークエンス　35／（2）カリキュラムの類型　36／（3）カリキュラムの統合の視点　38

3．学校の潜在的機能　40

おわりに　41

第4章　授業をデザインする基礎知識 ……………………………………… 43

1．行動主義学習理論とカリキュラム　43

（1）行動主義とカリキュラム　43／（2）行動主義の学習理論―スキナーのプログラム学習　44

2．構成主義学習理論とカリキュラム　45

（1）構成主義とカリキュラム　45／（2）構成主義の学習理論　45

3．「何を知っているか」から知識を活用して「何ができるか」へ　47

（1）「真正の学力」を求めて　47／（2）知識の伝達型から子供の主体的な学びへ　48

4．Teaching から Learning へのパラダイム転換　49

（1）教育目標―コンテンツからコンピテンシーへ　49／（2）教育内容・教材―学校知識からオーセンティックな知識へ　49／（3）教育方法―教授からアクティブ・ラーニングへ　50／（4）教育評価―テスト評価から真正の評価へ　50

5．学びのイノベーション　51

おわりに　51

第5章　教育課程の意義と位置づけ ……………………………………… 53

1．教育の目的と目標　54

（1）教育基本法と教育の目的と目標　54／（2）学校教育法と義務教育，及び，小・中・高等学校の目標　55

2．教育課程の編成（各教科の編成と授業時数）　57

（1）各教科の編成　57／（2）授業時数　58／（3）学習指導要領についての規定　60

3. 学習指導要領 60

4. 学校レベルの教育課程の開発 61

おわりに 63

第6章 学習指導要領の変遷と資質・能力目標の展開 …………………… 64

1. 学習指導要領の歴史的変遷 65

(1) 学習指導要領の誕生から第4次改訂まで 66／(2) 資質・能力目標の導入から第8次改訂まで 67

2. 指導要録の歴史的展開 71

おわりに 73

第7章 学習指導要領改訂のポイント ……………………………………… 74

1. 新学習指導要領の方向性と枠組み 75

(1)「社会に開かれた教育課程」の理念 75／(2) 学習指導要領の枠組みの見直し 76

2. 各学校におけるカリキュラム・マネジメントの実施 77

(1) 何ができるようになるか（育成を目指す資質・能力） 77／(2) 何を学ぶか（教科等を学ぶ意義と教科等間・学校段階間のつながりを踏まえた教育課程の編成） 78／(3) どのように学ぶか（各教科等の指導計画の作成と実施，学習・指導の改善・充実） 78／(4) 子供一人ひとりの発達をどのように支援するか（子供の発達を踏まえた指導） 79／(5) 何が身についたか（学習評価の充実） 80／(6) 実施するために何が必要か（学習指導要領等の理念を実現するために必要な方策） 81

3. 各学校段階，各教科等における改訂の具体的な方向性 81

おわりに 83

第8章 カリキュラム・マネジメントの意義と考え方 …………………… 84

1. 新学習指導要領とカリキュラム・マネジメント 85

(1) カリキュラム・マネジメントとは 85／(2) 新しい教育課程とカリキュラム・マネジメント 85

2. カリキュラム・マネジメントの考え方　86

（1）カリキュラム・マネジメントの枠組み　86／（2）カリキュラム・マネジメントのポイント　87／（3）カリキュラム・マネジメントの枠組み　88

3. カリキュラム・マネジメントの4原則　90

（1）原則1. 育みたい資質・能力像としての教育目標の設定と共通理解　90／（2）原則2. 先行研究・事例を踏まえた学びの経験の計画　90／（3）原則3. 学びの経験を支える条件整備と組織的な取り組み　91／（4）原則4. エビデンスに基づく評価と改善　92

おわりに　94

第9章　カリキュラム・マネジメントの進め方 ……………………… 96

1. 資質・能力を育てるカリキュラムを逆向きにデザインする　96

2. パフォーマンスのレベルで資質・能力目標を設定し共通理解する　97

（1）資質・能力目標を設定する　97／（2）目標をパフォーマンスのレベルで共通理解する　99／（3）評価計画をあらかじめ立てておく　100

3. パフォーマンスを実現するための児童生徒の学びをデザインする　101

（1）カリキュラムをデザインする　101／（2）条件整備をデザインする　104

4. パフォーマンスをもとにPDCAサイクルを回し，指導計画を改善する　105

（1）指導と評価の一体化を図る　105／（2）指導計画を見直し改善する　105

おわりに　106

第10章　単元指導計画のデザイン—学習活動の構想 ……………………108

1. 教育の内容と学習活動　109

（1）教科書を教えるのか，教科書で教えるのか　109／（2）学習指導要領と内容系列表　109

2. 単元指導計画の開発　110

（1）作成フォーマット　110／（2）作成要領　110

3. 問題解決学習とは　113

（1）問題解決の「段階」　114／（2）問題解決の「操作」　114／（3）問題解決の「態度」　115／（4）問題解決学習を構想するポイント　115

4. 単元指導計画の作成要領　116
　（①対象学年・教科及び担当者の決定，②単元名及び学習活動の構想）

　（1）対象学年・教科及び担当者の決定　116／（2）単元名及び学習活動の構
　想　117

おわりに　117

第11章　単元を通して育みたい資質・能力目標 ……………………………119

1. 教育目標の明確化と逆向きデザイン　120

2. 単元設定の理由・単元の目標・パフォーマンス課題　121

　（1）単元設定の理由　121／（2）単元の目標　122／（3）パフォーマンス課題　123

3. 単元指導計画の設定要領　126
　（③「教師の願い」の記述，④「子供の実態」の記述，⑤単元の目標の決
　定，⑥パフォーマンス課題の構想）

　（1）単元設定の理由　126／（2）⑤単元の目標の決定　127／（3）パフォーマ
　ンス課題　128

おわりに　128

第12章　学力形成と評価の3観点 ……………………………………………130

1. 日本における学力論争　131

　（1）第一期　1950年前後　「基礎学力論争」　131／（2）第二期　1960年代前
　半　「計測可能学力」「態度主義」に関する論争　131／（3）第三期　1970年
　代中頃　「学力と人格」をめぐる論争　132／（4）第四期　1990年代前半
　「新学力」観をめぐる論争　132／（5）第五期　2000年代前半　「学力低下論
　争」　132

2. 学力形成と評価の3観点　133

　（1）新しい学習指導要領と評価の3観点　133／（2）評価の3観点と学力の樹
　134／（3）学力のレベルとパフォーマンス評価　135

3. 単元指導計画の作成要領（⑦単元の評価規準の決定）　137

　（1）主体的に学習に取り組む態度　138／（2）思考・判断・表現　138／（3）
　知識・技能　139

おわりに　139

第13章　アクティブ・ラーニングの考え方・進め方 ……………141

1. アクティブ・ラーニングとは　142

（1）政策課題となったアクティブ・ラーニング　142／（2）主体的・対話的で深い学びとしてのアクティブ・ラーニング　142

2. 授業の構成要素とアクティブ・ラーニング　144

（1）アクティブ・ラーニングの落とし穴　144／（2）内容と資質・能力を学習活動でつなぐということ　145

3. 子供の学びとアクティブ・ラーニング　146

4. 個に応じた指導とアクティブ・ラーニング　147

（1）一斉指導と個に応じた指導　147／（2）授業をデザインするビジョン　148／（3）授業をデザインする構成要素　149

おわりに　149

第14章　ICT 及び教材の活用 ……………151

1. デジタル社会と学校教育　152

（1）急速に進展する情報化　152／（2）教育の情報化という課題　152

2. 教師による ICT の効果的な活用　153

（1）授業での ICT の効果的な活用　153／（2）学習指導の準備と評価のための教員による ICT 活用　156／（3）校務の情報化　156

3. 情報活用能力の育成　156

（1）情報活用能力とは　156／（2）情報活用能力の育成　157

4. 単元指導計画の作成要領（⑧学習活動・支援の構想）　159

おわりに　161

第15章　真正の評価の考え方・進め方 ……………162

1. 真正の評価とは　163

2. 測定中心の評価から問題解決の評価へ　163

（1）従来型の測定中心の評価観の問題点　164／（2）問題解決評価観とは　164／（3）問題解決評価のめざすもの　166

3. 資質・能力を育む教育評価の進め方　167

　(1) パフォーマンス課題の活用　167／(2) 評価計画に基づくポートフォリオ
　の作成　167／(3) 客観的な評価をめざしたルーブリックの活用　169

4. 単元指導計画の作成要領　170
　　(⑨評価計画の構想，⑧ルーブリックの設定)

　(1) 評価計画の書き方　170／(2) ルーブリックの書き方　170

おわりに　171

資料 ··173

　資料1　総合的な学習の時間の内容系列表　174

　資料2　単元指導計画 (例)　176

索　引　180

第1章

資質・能力の育成と新しい教育課程

本章のポイント

- 変化の激しい21世紀の社会を生き抜くために，知識を活用して何ができるかといった資質・能力の育成が課題となっている。
- コンピテンシーに基づく教育改革の国際的なトレンドを踏まえ，日本においても未来を拓く資質・能力を重視した新しい教育課程がめざされている。
- 新しい学習指導要領では，資質・能力の3つの柱である「知識・技能」「思考力・判断力・表現力等」「学びに向かう力・人間性等」が示されている。

　変化が激しく予測のつかない社会に対応して，未来を拓く資質・能力をいかに育むのかが，教育改革の中心的な課題となっている。そこでは，「何を知っているか」だけではなく，知識を活用して「何ができるか」が問われているといえる。

　本章では，資質・能力の育成が求められるようになった背景，国際的な教育改革の動き，さらに，新しい教育課程の方向性と育むべき資質・能力について検討したい。

1. 変化の激しい 21 世紀の社会と資質・能力

(1) 資質・能力の育成が課題となる背景

　資質・能力の育成が注目されるようになった背景には，知識が私たちの生活のあらゆる領域で重要になる知識基盤社会の到来といった社会の質的な変化が明確に認識されるようになったことが挙げられる[1]。

　知識基盤社会では，知識の果たす役割が飛躍的に増大する。たとえば，昨今の日本の電機業界をみるとわかるように，魅力的な商品やサービスを生み出し続けなければ，シャープや東芝などの日本を代表する大企業でも，すぐに経営に行き詰まってしまう。今や知識の創造と効果的な活用が経済的な成功の基盤となっているといえる。

　文献をみてみると，1980 年代の終わりごろから，人的資源という言葉が頻繁に使われるようになっている。経済の発展を支えるものとして，技術革新や創造を生み出す人的資源の重要性が認識されるようになったといえる。

　この頃になると，諸外国では，国際競争に勝ち抜くため，新しい経済の中でどのようなコンピテンシー（資質・能力）が必要とされるのかを問う調査研究がさかんに行われるようになった。そして，そういったコンピテンシーをいかに育てていくのかという教育改革がその後，職業教育から高等教育へさらに初等中等教育へと展開していった。知識の創造と活用を促す人材を育成するために，国家戦略としてコンピテンシー（資質・能力）に基づく教育改革が世界的な潮流となって展開していったのである。

(2) リテラシーからコンピテンシーへ

　求められる資質・能力については，リテラシーからコンピテンシーへの展開がみられる。

　リテラシーは当初，名前が書けるか，ある学年の国語の問題が解けるかなど簡単な読み書き能力があるかどうかが問題にされていた。1980 年代になる

第 1 章　資質・能力の育成と新しい教育課程　　11

と，社会で機能するための読み書きの力が問われるようになり，高次の情報処理能力としてリテラシーのあり方が問われるようになった。

それが，リテラシーからコンピテンシーへという形でさらに展開していく。

何ができるかが問われるようになると，情報を処理する能力だけでは十分ではなくなる。何かができるためには，私たちのもつ態度や価値観，さらには，感情といったものも重要な役割を果たす。たとえば，何事にも積極的に取り組む，失敗してもへこたれない，粘り強い，失敗から学ぶなどといった心的傾向は，何かがうまくできることに大きく影響しているといえる。

このような理由により，知識，スキルだけではなく，態度を含めた人間の全体的能力としてのコンピテンシーが問われるようになってきたといえる。

2. 諸外国におけるコンピテンシーに基づく教育改革の動向

では，コンピテンシーの育成が課題となる中で，諸外国ではどのような教育改革が展開しているのだろうか。[2]

(1) 諸外国の教育改革

諸外国のコンピテンシーに基づく教育改革について，9か国を取り上げると，その概略は以下のようになる。

イギリスでは，1999年のナショナル・カリキュラムという早い時期から，すべての子供を対象に「キースキル」（コミュニケーション，数の応用，他者との協力，自分自身の学習と成績を改善する能力，問題解決）の育成がめざされてきた。それが，現在では，知識とスキルには深い関係があり，内容を伴う文脈においてスキルを教える必要があるとして，キースキルから知識への揺り戻しといった動向が見られる。

ドイツは16の州からなる連邦国家であるが，2000年のPISAショックを契機に，常設各州教育大臣会議（KMK）の合意に基づき，国レベルで教育スタン

ダードが導入された。ニューパブリックマネジメントの手法に基づき，各学校段階の修了時に育むべきコンピテンシーが教育スタンダードとして設定され，その達成状況が学力テストによって測定できるように制度設計されている。

フランスでは，2005年のフィヨン法において，EUのキー・コンピテンシーを参考に「共通基礎」が設定され，すべての児童生徒に保障すべき教育内容の基準が示された（2013年にペイヨン法に改訂）。共通基礎の中身は，① 思考とコミュニケーションのための言語，② 学習の方法とツール，③ 人格・市民教育，④ 自然システムと技術システム，⑤ 世界の表現と人間の活動となっている。

フィンランドでは，1994年の全国教育課程基準の改訂という早い時期から，資質・能力を重視した教育へと転換された。2016年からの新しい教育課程基準では，七つのコンピテンシー（① 思考力，「学ぶことを学ぶ」力，② 文化的コンピテンス，③ 自立心，④ 多元的読解力，⑤ ICT，⑥ 職業スキル，⑦ 持続可能な未来構築）が，教育課程基準の中で具体的に示されている。

アメリカでは，大学や仕事に準備ができていることを示す大学・キャリアレディネスの育成がめざされている。コモンコア・ステートスタンダード（CCSS）と呼ばれる読解と数学のスタンダードやNGSSと呼ばれる理科のスタンダードなど，全米レベルのスタンダードが初めて開発され，各州の採択により実施されている。

オーストラリアは連邦制をとっているが，国のレベルで，「汎用的能力」（① リテラシー，② ニューメラシー，③ ICT技能，④ 批判的・創造的思考力，⑤ 倫理的理解，⑥ 異文化間理解，⑦ 個人的・社会的能力）を育成するナショナル・カリキュラムの開発と実施といった歴史的な事業が進められている。汎用的能力の到達目標を定め，それらを教科横断的に埋め込む形で，カリキュラムが設計されている。

ニュージーランドでは，「キー・コンピテンシー」（① 思考力，② 言語・シンボル・テキストの使用，③ 自己管理，④ 他者との関わり，⑤ 参加と貢献）を育成するナショナル・カリキュラムを実施している。カリキュラム開発において学校

現場の裁量が大きいことが特徴となっている。

シンガポールでは，1997年の「思考する学校，学ぶ国家」（TSLN）の発表を契機に，効率志向から能力志向へと政策が転換され，思考力を重視する教育改革が進められてきた。2010年にはカリキュラム2015が示され，教科ごとに21世紀型コンピテンシーを育むシラバスへと順次改訂が進められている。

韓国では，2009年版の教育課程で，グローバル創意人材の育成が掲げられ，2015年版の教育課程からは，OECDのキー・コンピテンシーを参考にした「核心力量」の育成がめざされている。核心力量の中身は，自己管理能力，知識・情報の処理能力，創造的な思考力，審美的な感性，コミュニケーション能力，共同体への貢献である。

(2) 国際的な動向の全体像

これらの国々の教育改革の試みから，たとえば次のような国際的な動向が明らかになった。

第一に，1990年代半ばから2000年代にかけて，コンピテンシーの育成をめざしたナショナル・カリキュラムや教育スタンダードの策定を進めている国が多いということである。知識基盤社会の到来を背景に，2000年代になると，生きて働く力の育成をめざしたOECDのキー・コンピテンシーや21世紀型スキルなどの議論がさかんになる中で，コンピテンシーを育成する教育改革が国家戦略として多くの国で本格的に取り組まれるようになっているのである。

第二に，育成がめざされる資質・能力は，汎用的能力，キー・コンピテンシー，キースキル，21世紀型スキル，共通基礎，核心力量，汎用的スキルなど，さまざまな用語が使用されているということである。これらのキーワードは，大きくは「汎用的」「キー」などの形容詞と「コンピテンシー」「スキル」といった能力を示す言葉の組み合わせになっている場合が多い。

第三に，育成がめざされる能力の構成要素を整理すると，「基礎的リテラシー」「認知スキル」「社会スキル」の3つにおおむね分けられるということで

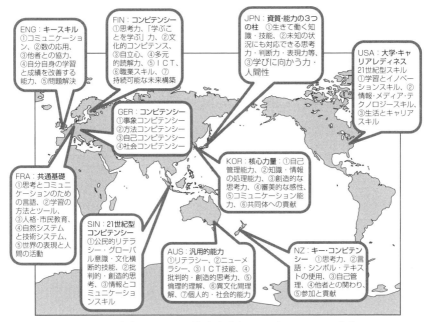

図 1-1 諸外国における教育改革とコンピテンシーの名称

ある。すなわち，コンピテンシー概念については，国・地域によってさまざまな構成要素が示されていたが，大まかに分類すると，リテラシー，ニューメラシー，ICT などの言語や数，情報を扱う基礎的リテラシー，批判的思考力や学び方の学習などを中心とする高次の認知スキル，社会的能力や自己管理力などの社会や他者との関係やその中での自律に関わる社会スキルの 3 つに大別できた。

　第四に，今日的なコンピテンシーを育成するアプローチについては，歴史，文化，制度，置かれている状況などが影響し，国や地域によって大きく異なっていたということである。すなわち，教育課程の編成原理，教育評価のアプローチ，教員の採用・養成・研修，学校レベルのカリキュラム開発，個に応じた支援，第三者評価機関などの学校評価，大学入試，研究開発，教員への支援体制など，コンピテンシーの育成を支える取り組みや支援体制は，国によってさ

第 1 章　資質・能力の育成と新しい教育課程　　15

まざまな工夫がみられた。

3. 資質・能力の育成と新学習指導要領

(1) 学習指導要領における資質・能力の展開

　日本においてもこれまで，資質・能力の育成は，「新しい学力観」が打ち出された平成元年の学習指導要領改訂以降，一貫して重要な課題であった。すなわち，「生きる力」(1998 年) という資質・能力目標が導入され，「生活科」(1989 年)，「総合的な学習の時間」(1998 年) の新設，「言語活動の充実」(2008 年) 等，その育成のための方策が進められてきた。

　しかし，学習指導要領はこれまで，「何を知っているか」の視点から各教科等の知識や技能が整理されていた。また，生きる力といった資質・能力目標の中身が構造的に示されておらず，育成の手立ても明確ではなかった。そのため，資質・能力の育成よりは，教科等の知識・技能の習熟を重視するといった教育実践が主流であったといえる。

　それが今回の改訂では，資質・能力の 3 つの柱が示され，その育成が中心的な課題に位置づけられている。また，その育成に向けて，主体的・対話的・深い学びの視点からの授業改善やカリキュラム・マネジメントを通した不断の見直し等といった具体的な方略が示されたのである。新しい教育課程では，諸外国の動向に見られたように，コンピテンシーの育成に向けた教育改革へと大きく舵が切られたものといえる。

(2) 新学習指導要領で育む資質・能力

　新学習指導要領でめざされる資質・能力は，2030 年の社会とその後の未来を見据えて構想されている。新学習指導要領が，小学校では東京オリンピック・パラリンピック競技大会が開催される 2020 年から 10 年間実施されるため，2030 年頃の将来像が新しい教育課程を検討するひとつの基点として捉え

られている。

2030 年の世界は，予想さえ困難な状況にあるといえる。情報化やグローバル化が著しく，知識や技術の進歩による第4次産業革命とも称される時代が到来している。ビッグデータをもとに判断を行う人工知能の進化やインターネットでモノがつながる IoT（Internet of Things）の発展など，繰り返される技術革新によって，私たちの社会や生活は今後も急速に変貌を遂げていくことが予想される。

このような激しく変化する時代だからこそ，変化への対応のみならず，新しい未来を切り拓いていく力が求められている。直面する課題を受け止めつつも，感性を働かせながら，自らの人生やよりよい社会を創造していくために必要な資質・能力の育成がめざされている。

(3) 育成がめざされる資質・能力―資質・能力の3つの柱

新しい教育課程では，学校教育を通じて育む生きる力の要素を資質・能力の視点から整理して，2030 年の社会を見据えた育成すべき資質・能力の3つの柱が以下のように提示されている。

①「知識・技能」の習得

1つ目の柱は，「何を理解しているか，何ができるか」といった，生きて働く「知識・技能」の習得である。各教科等において習得する知識は，個別の事実的な知識だけではなく，それらを相互に関連づけ，社会の中で生きて働く概念とすることがめざされる。技能についても，個別の技能のみならず，自分の経験や他の技能と関連づけられ，変化する状況や課題に応じて主体的に活用できる技能としての習熟・熟達が期待される。

なお，知識や技能は，思考・判断・表現を通じて習得されたり，その過程で活用されたり，社会との関わりや人生の見通しの基盤となったりするものといえる。したがって，3つの柱で示された資質・能力は，相互に影響し合って育成されるものと捉えることが重要である。

第1章　資質・能力の育成と新しい教育課程　　17

②「思考力・判断力・表現力等」の育成

2つ目の柱は,「理解していること・できることをどう使うか」といった,未知の状況にも対応できる「思考力・判断力・表現力等」の育成である。将来の予測が困難な社会の中でも,未来を切り拓いていくために必要な思考力・判断力・表現力等で,その過程には,大きく分類すると以下の3つがあるとされる。

・物事の中から問題を見いだし,その問題を定義し解決の方向性を決定し,解決方法を探して計画を立て,結果を予測しながら実行し,振り返って次の問題発見・解決につなげていく過程。

・精査した情報を基に自分の考えを形成し,文章や発話によって表現したり,目的や場面,状況等に応じて互いの考えを適切に伝え合い,多様な考えを理解したり,集団としての考えを形成したりしていく過程。

・思いや考えを基に構想し,意味や価値を創造していく過程。

　これらの過程で,新たな情報と既存の知識を組み合わせたり,解決の方向性や方法を比較・選択したり,相手や状況に応じて表現したりして,問題発見・解決を進める思考・判断・表現等が重要である。

③「学びに向かう力・人間性等」の涵養

3つ目の柱は,「どのように社会・世界と関わり,よりよい人生を送るか」といった,学びを人生や社会に生かそうとする「学びに向かう力・人間性等」の涵養である。資質・能力を,どのような方向性で働かせていくかを決定づける重要な要素で,以下のような情意や態度等に関わるものが含まれるとされる。

・主体的に学習に取り組む態度も含めた学びに向かう力や,自己の感情や行動を統制する能力,自らの思考の過程等を客観的に捉える力など,いわゆる「メタ認知」に関するもの。

・多様性を尊重する態度と互いのよさを生かして協働する力,持続可能な社会づくりに向けた態度,リーダーシップやチームワーク,感性,優しさや思いやりなど,人間性等に関するもの。

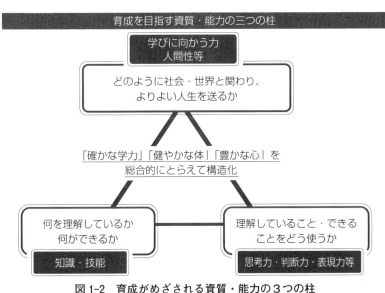

図1-2 育成がめざされる資質・能力の3つの柱
(出典)文部科学省「答申」補足資料,2016年,7頁。

　これらの情意や態度等を育んでいくためには,体験活動も含め,社会や世界との関わりの中で,学んだことの意義を実感できるような学習活動を充実させていくことが重要である。

　資質・能力の3つの柱は,相互に関係し合っているため,その育成にあたっては,知識の質や量に支えられていることに留意する必要がある。生きて働く資質・能力を培うには,社会や生活との関わりにおいて,各教科等の本質を追究する中で,主要な概念を中心に主体的・対話的・深い学びをデザインしていくことが求められるのである。

おわりに

　コンピテンシーに基づく教育改革は世界的な潮流となっている。知識基盤社

会が加速する中で，その社会を生き抜く資質・能力の育成をめざした教育改革が国家戦略として重要性を増していることの証左であろう。

一方，日本では，確かに「生きる力」の育成をめざした教育がこれまで進められてきたものの，教科書を中心に知識を教えることが主流であったといえる。社会で生きて働くコンピテンシーの育成に焦点化された教育にまでは至っていない状況にあったのである。

それが新しい教育課程において，資質・能力の育成が中心的な課題となった今，21世紀に必要とされるコンピテンシーを育むためのカリキュラムデザインの革新が求められているのである。

演　習

・なぜ，コンピテンシーが求められる時代になったのかを考えよう。
・新学習指導要領は，2030年の変化が激しく予測困難な社会を見据えて構想されている。2030年に求められる資質・能力とはどのようなものかを考えよう。
・コンピテンシーの育成をめざして，どのような教育がこれから求められるのかについて具体的な例をあげて考えよう。

注

(1)　松尾知明「知識基盤社会とコンピテンシー概念を考える―OECD国際教育指標（INES）事業における理論的展開を中心に」日本教育学会編『教育学研究』第83巻第2号，2016年，154-166頁。

(2)　詳細は，松尾知明『21世紀型スキルとは何か―コンピテンシーに関する教育改革の国際比較』明石書店，2015年を参照。

第2章
学びのデザイナーとしての教師

本章のポイント

● 教師は，学びのデザイナーである。
● カリキュラムのデザイン力をつけるには，教育の「枠組み」を自分なりに確立するとともに，それを教育実践の中で反省的な思考を繰り返しながら，よりよいものに再構成していくことが大切である。
● 教師の力量形成の視点として，たとえば，① ビジョン，② 知識，③ ツール，④ 実践，⑤ 姿勢の5つがある。

　カリキュラムをデザインする時代になった。コンテンツからコンピテンシーへと教育の目標が転換する中で，子供にとってリアルな課題のもとで知識の活用を促す効果的な学びの環境をつくっていくことがますます重要になってきている。

　このことは，教師自身の理想や願いをもとに，教育内容を自ら決定して，創意工夫を生かしたオリジナルな授業づくりが可能になったことを意味する。その一方で，教師一人ひとりがカリキュラムをつくっていく力量が試される時代になったともいえる。

　本章では，教師が，カリキュラムのデザイナーとして，どのように授業デザイン力をつけていけばよいのかを検討したい。

21

1. カリキュラムのデザイナーとしての教師

(1) カリキュラムとは

カリキュラムとは，何だろうか。

カリキュラムという用語は，ラテン語の「クレレ (currere)」に語源をさかのぼることができ，「走るコース」あるいは「走る活動・競争」を意味していた。また，「人生の来歴」といった意味もあり，現在でも「履歴書 (curriculum vitae)」といった言葉がある。これが，教育において，学科の課程 (course of study) のように，教えるコースあるいは学びの道程といった意味をもつようになったのである。

カリキュラムを訳すと「教育課程」になるが，カリキュラムの概念は，教育計画としての教育課程よりもずっと広い。それは，教育の計画，実施，評価といった意図的・計画的な教育実践の全体としての「顕在的カリキュラム」に対し，意図していないのに学校において知らず知らずに学ばれる「潜在的カリキュラム」といった概念もある。さらに，カリキュラムには，学びの個人史あるいは履歴という意味で「子供の教育経験の総体」という捉え方もある。

カリキュラムは，学校教育において展開されるレベルとして，(1) 学習指導要領などに示される「制度化されるカリキュラム」，(2) 学校の年間指導計画などとして立案される「計画されるカリキュラム」，(3) 教師により授業の形で指導される「実践されるカリキュラム」，(4) 子供により実際に経験され受容される「経験されるカリキュラム」，の 4 つが考えられる。[1]

カリキュラムの次元

```
① 制度化されるカリキュラム
② 計画されるカリキュラム
③ 実践されるカリキュラム
④ 経験されるカリキュラム
```

(2) デザイナーとしての教師

　教師は，カリキュラムのデザイナーである[2]。教師は，別の言い方をすれば，学びの経験のデザイナーといえる。

　ファッション・デザイナーは，新しい服のコンセプトをデザイン画に表現し，服の素材を集め，それらを組み合わせてこれまでにない斬新な一着の服をつくり上げる。一方，教師は，学びのデザイナーとして，空間的，時間的，人的，物的な学校の環境構成の計画を立て，教育実践の場において，その計画を実行して，子供の学びの経験を創造する。

　デューイ（Dewey, J.）もいうように，教育とは，環境の再構成である[3]。学校の中で，興味・関心，欲求，能力など，子供の活動的諸傾向を，環境の操作を通して，意図する方向に導いていくのが教師の仕事である。教師は，子供のよりよい成長・発達をめざして，適切な環境を準備し，子供の望ましい経験を「方向づけ」，より正確には，すでにもっている諸傾向を「再方向づけ」て，教育目標の実現を図っているのである。

　このように考えると，教師に求められているのは，学びの経験を導くカリキュラムデザイナーとしての力量であろう。そこでは，意味ある子供の経験を生み出す芸術的で創造的なデザイン力，あるいは，複雑でオープンエンドな問題を処理する高次の思考力や問題解決力が要求されるといえるだろう。

2.　反省的実践家としての教師

(1) 技術的熟達者と反省的実践家

　では，カリキュラムデザイナーとしての教師は，その力量をどのようにして培っていけばよいのだろうか。その手がかりとして，「反省的実践家」（reflective practitioner）としての教師像について考えてみたい。

　ショーン（Schön, D. A.）は，専門知識を有する「技術的熟達者」といった従来の専門家像に対して，「反省的実践家」という新しい専門家像を主張した[4]。

第2章　学びのデザイナーとしての教師　　23

専門家のもつ専門性といえば長い間，専門分野の知識や技術を実践の場で合理的に適用する技術的熟達者として捉えることが多かった。実証主義の影響の下，知の体系を生成する基礎科学とそれらを適用する応用科学とが階層的に分断され，実践というものは，科学的な基礎理論や原理を現場で厳密に応用するものと考えられてきた。

　この科学的合理主義に依拠した専門家像に対し，ショーンは行為をしながら省察する反省的実践家という新しい専門家像を概念化した。法律家や医者などの専門家の現場実践を詳細に調べてみると，かれらの現実の姿は，実証された知識や技能を実際の事象にあてはめて適用するというよりは，クライアントの直面する複雑で不確実な問題を，状況との反省的な対話を繰り返しながら，ともに問題解決を図るというものであった。

　こうしてショーンは，専門家の有する専門性というものは，専門分野の理論や原理を現場に適用することにあるというよりは，答えのない複雑で混沌とした実践という営みの中で，「状況との対話」を通して問題解決する「行為の中の知」にあることを浮き彫りにしたのである。その意味で，専門家の知恵というものは，理論と実践が融合されたものであり，実践の中から生成されるものといえる。

　以上のように，ショーンは，答えのない複雑で混沌とした状況において，経験を通して身につけてきた実践知をもとに行為をしながら省察する専門家のあり様を反省的実践家と名づけ，新しい専門家像を概念化したのであった。ショーンの研究は，教師に直接焦点を当てるものではなかったが，反省的実践家の概念はその後，教師研究においても大きな影響を与えている。

(2) 意思決定者としての教師

　この新しい専門家像に立てば，教師は，また，意思決定者でもある。教師の担う学びの計画，実践，振り返りという過程は，複雑でオープンエンドな問題を解決する意思決定の絶え間ない繰り返しといえる。

教師は，教育目標を立て，教育内容を選び組織し，指導法を決め，援助・指導することで，子供の経験をデザインする。教師は，カリキュラムデザインのそれぞれの局面や場面で，教育活動の中で培ってきた実践知をもとに，幾多の想定される選択肢の中から適切なものを選びとるという問題解決をつねに迫られるのである。

　そこで重要になってくるのが，これらの意思決定を支え，教育実践を方向づける「枠組み（frame）」（教育観，子ども観，教育内容観，指導観……）である。この枠組みが，教育実践に一貫性を与えるものであり，実践過程で省察して意識化し，その枠組みを再構成していくことで，より高いレベルの学びを実現していくのである。別の言い方をすれば，教師の専門性は，教育実践の活動過程において，それまでの教師経験の中で身につけてきた「暗黙知」を準拠枠として用い，状況との対話により省察しながら行為する実践的思考にあると捉えることができる。

　このように考えると，カリキュラムのデザイン力を高めるには，教育実践を支える枠組みに焦点をあて，実践において反省的な思考を意図的に繰り返しながら，自らの教育理念や実践知をつねに更新していくことが求められるといえる。

　もちろん，教師としての専門的な知識や技能を向上させるために，本や論文を読んだり研究会に参加したりなど，自己研鑽にはげみ，教育理念を自分なりに確立することが不可欠である。ただ，それだけでは不十分であるだろう。教育の専門家としての枠組みは，前述の通り，学校という現場の中で，状況との対話を繰り返し，自らの授業実践を省察しながら，意味ある実践知としてつねに練り上げなければならない。授業のデザイン力を高めるには，実際の授業において反省的な思考を繰り返しながら，自らの教育の枠組みをつねに意識化し刷新していくことが求められるのである。

第2章　学びのデザイナーとしての教師　　25

3. 教えることを学ぶために

(1) 教師の力量形成の視点

では，どのような枠組みのもとで，力量形成を図っていけばよいのだろうか。初任教師の学びについての研究の知見から，教師の力量形成の視点として以下の5つが挙げられている[5]。

① ビジョン

ひとつめは学びの経験をデザインする視点となる「ビジョン」である。ビジョンは，自らの実践を振り返り，実践を導くものとなる。したがって，教育実践を方向づける優れた教育のイメージを培っていくことが大事だといえる。よい授業をできるだけたくさん見たり，授業のあり方を追究したりすることで，めざす授業のイメージを明確に形成していくことが重要である。

② 知識

2つめは，教師として必要とされる「知識」である。それには，子供はどのように学ぶか，いかに発達するかなどの「a. 子供についての知識」，教科では何を教えるのか，カリキュラムをどう組織するかなどの「b. 教科とカリキュラムについての知識」，教科をどう教えるか，学習をいかに評価するのか，学級をどのように経営するのかなどの「c. 教えることについての知識」がある。力量形成のため

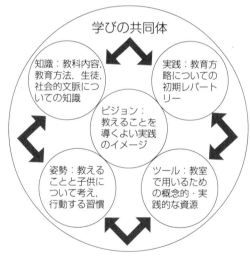

図 2-1 教師の学び

（出典）L. ダーリング-ハモンド＆J. バラッツ・スノーデン（秋田喜代美・藤田慶子訳）『よい教師をすべての教室へ――専門職としての教師に必須の知識とその習得』新曜社，2009年，58頁。

には，これらの知識を学んでいくことが不可欠である。

③ ツール

3つめは，教室で活用する「ツール」である。概念的ツールには，「最近接発達領域」「転移」「問題解決学習」などにみられるような学習や教育の理論などがあり，実践的ツールには，教科書や教材，評価手段，ICT などがある。これらの概念的・実践的なツールを，授業の中で道具として使いこなせる力量を培うことが必要である。

④ 実践

4つめは，①～③を統合して，授業を実際にデザインする「実践」である。実践では，ビジョンの実現に向けて，子ども・教科・指導の知識をもとに，概念的・実践的ツールを活用しながら，授業を計画し，実施し，評価していく。実践を学ぶことは，後述のようにそれほど簡単なことではない。その困難さを踏まえ，知り得たことを総動員して，授業のデザインを繰り返しながら，実践の考え方や進め方について効果的に学んでいくことが必要である。

⑤ 姿勢

5つめは，教師としての「姿勢」である。教えることや児童生徒を理解することなどについての教師としての構えである。授業をいかに振り返っているか，どのように子供と関わり理解を深めようとしているか，同僚とともに学び合ったり，自己研鑽のために研修をしたり本を読んだりしているかなど，教師としての姿勢を形成していくことが必要である。

最後に，これらの5つの枠組みは，教師という専門家コミュニティの中で最も効果的に学ぶことができることがわかっている。教師の学びの共同体の中で，授業をデザインしたり，授業を見せ合ったり，熟達した教師から指導してもらったりしながら，同僚性の中で力量が形成されていくものといえる。

第2章　学びのデザイナーとしての教師　　27

(2) 教師の力量形成の課題—実践を学ぶということ

① 実践化という授業デザインの課題

　ここで授業という実践について考えてみたい[(6)]。よい授業のイメージをもっていることと，実際によい授業ができることとは全く違う。実践は理論通りにはなかなかうまくいかない。それは，授業というのがきわめて複雑な営みだからである。

　授業においては，本時のめあてを達成するのが目標とされる。しかしながら，それをめざしながらも，話の聞き方，手の上げ方，発言の仕方，話し合いのルール，ノートの取り方など，さまざまなことを同時に配慮していく必要がある。さらに，30人の子供たちがいれば30人それぞれに課題がある。また，学び方も個々に異なる。理想的には，一人ひとりの子どもの多様なニーズに対応することが求められる。このように，授業はきわめて複雑な過程であるため，たとえば，よくできた指導案を借りてきて授業をしても，書いてある通りにうまく運ぶことはほとんどないだろう。

　したがって，自分が計画したように実際に授業できるようになる，あるいは，教えたいことを教えられるようになるといった実践力が必要になってくるのである。

② 教えることを学ぶ

　実践を学ぶには，自分の実践を振り返ることが必要である。たとえば，次の事例が参考になる[(7)]。金沢市立小立野小学校の坂下望美教諭は，先輩の教師から学んだやり方として，板書計画と実際の板書を比べることで，授業の改善を試みてきたという。授業内容を考え，板書計画を立て，授業にのぞんで，授業後に板書の実際をデジカメで撮影してノートに整理する。それらの違いから課題を見つけ，それを踏まえて，次の授業の計画，実施，評価を繰り返す。このように，計画と実際のズレから課題を探り，次の授業の改善をめざすサイクルを繰り返すことで，計画したものと実際のズレが徐々に少なくなり，計画したように実践ができるようになっていったという。教えたいことが教えられるよう

になるためには，自分の実践を振り返るという地道な努力が必要なのである。

③ 実践研究としての PDCA サイクル

実践という営みは，アクションリサーチとして考えることができる。アクションリサーチとは，エビデンスをもとに，実践しながらこのサイクルを回して意味ある知識を生み出す研究である。それは，エビデンスに基づきながら C（Check）→ A（Action）→ P（Plan）→ D（Do）→ C（Check）→……のサイクルを動かしていくものである。

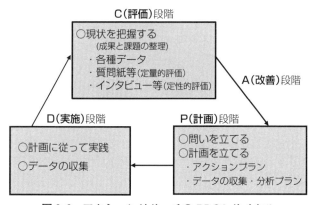

図 2-2　アクションリサーチの PDCA サイクル

アクションリサーチのポイントとしては，たとえば，以下のものがある。

○現場の状況から，問いをつくる
○先進事例や先行研究を参考に，アクションを決める。
○データの収集・分析の計画もあらかじめ決めておく。
　・何のデータをどのような方法や手順で収集するのか？
　・それらのデータはどのように分析するのか？
○エビデンスに基づいて PDCA サイクルを動かす。

第 2 章　学びのデザイナーとしての教師

実践を通して，力量形成していくためには，データに基づいて，実践研究の PDCA サイクルを回していくことが有効であると思われる。ともすれば，実践上の課題を設定し授業研究をしたものの，なかなか実践は変わらないといった状況があるのではないだろうか。データを基に評価を実施し，新たな問いを設定し，計画を立て，実施していくといった PDCA サイクルを繰り返していくことで，着実に実践を変えていくことが大切である。

おわりに

カリキュラムをデザインする教師の専門性が問われる時代になった。一方，ほとんどの教師は，カリキュラムデザイナーとしての役割を期待されても，とまどいを隠せないかもしれない。

もちろん，教師はこれまでも授業をつくってきた。しかし，それは，ほとんどの場合，カリキュラムを創造するというよりは，教科書の内容そのものを指導してきたといえる。そこでは，何を教えるかではなく，いかに教えるかに焦点がおかれてきたのだろう。

それが，新しい教育課程において，教育目標が，コンテンツ（内容）からコンピテンシー（資質・能力）へと転換される中で，一人ひとりの教師が，カリキュラムをデザインしていく力量が試される時代が到来したのである。別の言い方をすれば，人のひいたコースの上を走らされるのではなく，新しい道を自らが切り拓いていく授業デザインの時代となったといえる。

もっと自由で柔軟な新しい授業を創造していくためにも，また，子供たちに楽しく意義のある学びの経験を保障していくためにも，一人ひとりの教師にコンピテンシーを育てる授業デザイン力の向上が求められているのである。

演 習

・教師の専門性とはどのようなものであるかについて考えよう。
・いかにしてカリキュラムデザイン力をつけていけばよいのかを考え，
　自分の力量形成の計画を立ててみよう。

注

(1)　田中統治「学力論からみた『確かな学力』の方向」田中統治編『確かな学力を育て
　　るカリキュラム・マネジメント』教育開発研究所，2005年，9頁。
(2)　佐藤学「カリキュラム研究と教師研究」安彦忠彦編『新版　カリキュラム研究入
　　門』勁草書房，1999年，173-177頁。安彦忠彦『教育課程編成論』放送大学教育振興
　　会，2002年，113-116頁。
(3)　加藤幸次・高浦勝義『個性化教育の創造』明治図書，1987年，116-121頁。
(4)　D.ショーン（佐藤学・秋田喜代美訳）『専門家の知恵—反省的実践家は行為しながら
　　考える』ゆみる出版，2001年。D. A.ショーン（柳沢昌一・三輪建二監訳）『省察的実践
　　とは何か—プロフェッショナルの行為と思考』鳳書房，2007年。
(5)　L.ダーリング-ハモンド＆J. B.スノーデン（秋田喜代美・藤田慶子訳）『よい教師を
　　すべての教室へ—専門職としての教師に必須の知識とその習得』新曜社，2009年，58
　　頁。
(6)　同上書，50-53頁。
(7)　日本教育新聞「板書計画まねて授業力向上」，2013年7月22日。

第3章
カリキュラムをデザインする基礎知識

本章のポイント

- 教育内容を選択する根拠には，歴史的には，大きくは，知識要因，学習者要因，社会要因の3つがある。
- 教育内容の組織は，スコープとシークエンスを基本になされるが，歴史を振り返ると，その基本的な考え方は，経験カリキュラムと教科カリキュラムの2つの類型に整理できる。
- カリキュラムには，意図的・計画的な「顕在的カリキュラム」だけではなく，知らず知らずのうちに学ばれる「潜在的カリキュラム」「隠れたカリキュラム」といった側面もあることを知っておくことが重要である。

　カリキュラムは，どのようにデザインしていけばよいのだろうか。言葉をかえれば，教育内容をいかに選択し，その組織化をいかに進めればよいのだろうか。この問いに答えるにはまず，人類の文化遺産から何らかの教育の目的の視点をもとに，教育内容を選択することが求められる。次に，スコープとシークエンスの観点から，その選択された内容を効果的に組織化する必要がある。

　本章では，カリキュラムを構成する原理について，教育内容を選択する視点，教育内容を組織する代表的なカリキュラム類型，また，学校の潜在的機能について検討する。

1. 教育内容の選択

(1) 教育の目的と内容

　カリキュラムのデザインには，つねに選択という問題がつきまとう。

　まず，これまで蓄積されてきた文化の中から，教育内容を選択するという，きわめて根源的な問題解決に迫られることになる。そのためには，教師が，「教育とは何か？」という根本問題を問い，教育の目的を明示して，教育内容を選択するための基本的な視点を設定する必要がある。

　かつて，スペンサー（Spencer, H.）は，「どのような知識が最も価値があるのか？」という問いを立てたが，そうした学ぶべき価値のある教育内容を選択するには，「教育の目的とは何か？」という本質的な問題を考察することが不可欠なのである。

　カリキュラムは教育の目的を達成するためにある。したがって，教育の目的と内容は，切りはなすことのできない関係にあるといえる。

(2) 教育内容選択と 3 つの歴史的系譜

　では，教育の内容を選択するにあたって，どのように教育の目的を考え，いかにアプローチしていけばよいのだろうか。カリキュラムの歴史を手がかりに検討したい[1]。

　教育の目的と内容をめぐっては，歴史的には，① 知識要因，② 学習者要因，③ 社会要因の 3 つの立場に言及されることが多かった[2]。ここでは，この 3 つの要因に，知識中心主義，子供中心主義，社会効率主義，社会改造主義というカリキュラム論の系譜を対応させ，以下のように整理することにする。

① 知識要因

　知識要因を重視する立場は，「知識中心主義」といえるが，教育の目的は「文化の伝達」にあると考える。そのため，教育内容は，人間の培ってきた知的遺産としての知識や技術から選択されることになる。

第 3 章　カリキュラムをデザインする基礎知識　33

教育の3要因とカリキュラム論の系譜

① 知識要因
　・知識中心主義—文化の伝達
② 学習者要因
　・子供中心主義—子供の発達
③ 社会要因
　・社会効率主義—社会への準備
　・社会改造主義—社会の変革

　知識要因を重視する系譜には，自由七科の流れを汲み，大思想家の書物
（great books）などの古典を重視する立場，百科全書的な知識の習得をめざす
立場，あるいは，ブルーナー（Bruner, J. S.）など「教育内容の現代化」を生み
出した学問の構造を重視する立場などがある。

② 学習者要因

　学習者要因を重視する立場は，「子供中心主義」といえるが，教育の目的は
「子供の発達」にあると考える。そのため，教育内容は，子供の興味・関心や
ニーズをもとに選択されることになる。

　学習者要因を重視する系譜には，デューイやキルパトリック（Kilpatrick, W.
H.）などのプロジェクトを重視する立場，ストラトマイヤー（Stratemeyer, F.
B.）の学習者の興味や必要を発達段階ごとに提示した「恒常的生活場面」を重
視する立場などがある。

③ 社会要因

　社会的要因には，2つの立場がある。

　ⅰ．**社会効率主義**　ひとつは，「社会効率主義」と呼ばれる系譜で，「社会へ
の準備」を教育の目的と考え，社会において必要とされる知識や技能を重視す
る立場である。

　この系譜には，ボビット（Bobbitt, F.）など，テイラー（Taylor, F.）の『科学

34

的管理の原理』を教育に応用して，活動分析あるいは仕事分析と呼ばれる手法を用い，将来の生活で必要とされる具体的な活動を抽出し，科学的なカリキュラムの作成をめざす立場がある。

ⅱ．社会改造主義　もうひとつは，「社会改造主義」と呼ばれる系譜で，「社会の変革」を教育の目的と考え，公正で平等な社会をつくるために必要な知識や技能を重視する。

この系譜には，社会の改造を意図して，種々の社会的解決課題の専門知識や技術を媒介とした総合的な中心主題の学習，及び，その主題と関連した専門科学的な学習からなる車輪状カリキュラムを提唱したブラメルド（Brameld, T.）の論などがある。

(3) 教育の目的と内容を求めて

これらの教育の系譜は，歴史的には，相互に影響を与えながらも，覇権を争いながら展開してきている。

しかしながら，ここで重要なのは教育の目的が文化の伝達なのか，子供の発達なのか，社会への準備なのか，あるいは社会の変革なのか，という選択肢の中からひとつを選び出すことではないだろう。教師それぞれが，こうしたカリキュラム史の知見に学びつつ，専門家として，自分自身の教育理念や思想を練り上げていくことが問われているといえる。

こうした教師の教育観が，前述の通り，すべての教育実践を方向づけることを考えると，カリキュラムデザイナーとして教師は，自らの教育の原点をもう一度問い直すことが必要であるといえるだろう。

2. 教育内容の組織化

(1) スコープとシークエンス

文化の中から教育の内容が選択されると，その内容を組織・編成するため

に,「スコープ (scope)」と「シークエンス (sequence)」を決めることになる。

スコープとは,カリキュラムがカバーすべき領域あるいは範囲を示す概念である。これは,前述した教育の目的を基準にして教育内容の範囲を決めたように,「何を教えるか」を決定することに関わる。

シークエンスとは,その内容をどのように配列するのか,内容の順序や系列を表す概念である。「どのような順序で学習するのか」については,学問の論理と子供の論理がある。学問の論理には,単純なものから複雑なものへ,簡単なものから難解なものへ,部分から全体へなどといった順序がある。一方,子供の論理には,興味・関心や能力などの発達の段階や順序性がある。

そして,スコープとシークエンスが交差するところに,学習のひとまとまりである「単元」が位置することになるのである。

(2) カリキュラムの類型

カリキュラムのデザインには,大きく分けると,2つの構成方法がある。ひとつは,学校で教えられる「内容」からカリキュラムをデザインする「教科カリキュラム」と,もうひとつは,学校で学ぶ「子供」の視点からカリキュラムをデザインする「経験カリキュラム」である。

カリキュラムの類型

①教科カリキュラム	ⅰ. 分離教科カリキュラム
	ⅱ. 相関カリキュラム
	ⅲ. 融合カリキュラム
	ⅳ. 広領域カリキュラム
②経験カリキュラム	ⅰ. コア・カリキュラム
	ⅱ. 活動カリキュラム

① 教科カリキュラム（subject curriculum）

教科カリキュラムでは、系統主義に立って、教育内容の視点から、教科を中心にカリキュラムが構成される。

その特徴は、基本的に教科別で、個々の教科の背後にある学問の論理的な体系に基づいている。そのため、文化伝達的アプローチの形をとりながら、主に、知識や技能の習得がめざされる。また、教師主導で、教師が教育内容を選択し、効果的に配列してカリキュラムを編成する。教科カリキュラムでは、教師の願いを中心に、教師自身が中心的な役割を果たしながら、系統性の観点から教育プログラムを構造化していくことになる。

教科カリキュラムは、以下の類型に分けられる。

ⅰ．分離教科カリキュラム（separate subject curriculum）　個々の教科を分離独立させて、その背景にある学問の論理に従って、教育内容を編成する。

ⅱ．相関カリキュラム（correlated curriculum）　教科の区分を基本的に維持するが、内容によっては、複数の教科を関連づけながら教育課程を編成する。

ⅲ．融合カリキュラム（fused curriculum）　いくつかの共通性のある類似した複数の教科を融合させる。例としては、地理、社会、公民を融合した「社会科」、物理、化学、生物、地学を融合した「理科」などが挙げられる。

ⅳ．広領域カリキュラム（broad-fields curriculum）　融合カリキュラムよりもさらに範囲を広げて、広領域で教育内容を再編成して、教育課程をつくる。例としては、大学の一般教育の分野として定着していた人文科学、社会科学、自然科学などが挙げられる。

② 経験カリキュラム（experience curriculum）

経験カリキュラムでは、子供中心主義に立って、経験の視点から、子供の問題・興味・関心をもとにカリキュラムが構成される。

その特徴は、子供の問題・興味・関心に基づく「経験」が教育活動の中心になり、子供自身が問題をつくり、それを解決していく問題解決アプローチの形をとる。また、子供主導で、教師は援助者に徹することになる。効率ではなく

「待つ」ことが重視され，発達を急がない。自らが活動することで知識のみならず，意欲，態度を形成していくことが大切にされる。

　経験カリキュラムは，以下の類型に分けられる。

　ⅰ．**コア・カリキュラム** (core curriculum)　社会生活の問題の解決をめざす「中核課程」と関連する知識や技能を学習する「周辺課程」から編成する。代表的な例として，1930年のアメリカにおけるバージニアプランが挙げられるが，戦後の日本では，その影響のもと，新教育においてコア・カリキュラム運動が展開した。

　ⅱ．**活動カリキュラム** (activity curriculum)　子供の興味・関心・問題に基づいて，活動をもとにカリキュラムが編成される。経験中心カリキュラム，生活カリキュラムなどとも呼ばれる。

(3) カリキュラムの統合の視点

　新学習指導要領は，教科等の学びを重視しつつも，教科間等の関連を図りながら教育課程を編成することで，人生や社会の未知の状況においても生きて働く知識を育むことをめざそうという野心的な内容となっている。[3]

　重要となるのは，…各教科等を学ぶ本質的な意義を明らかにしていくことに加えて，…教科等を越えた視点で教育課程を見渡して相互の連携を図り，教育課程全体としての効果が発揮できているかどうか，教科等間の関係性を深めることでより効果を発揮できる場面はどこか，といった検討・改善を各学校が行うことであり，これらの各学校における検討・改善を支える観点から学習指導要領等の在り方を工夫することである。

　ここでは，教科横断的な学びを可能にするために今後の課題になるカリキュラム統合 (curriculum integration) について，簡単に触れておきたい。

　人間の生活は，教科のように分野ごとに分断されておらず，相互に関連し具体的な文脈の中に埋め込まれた全体性をもつ。したがって，人生や実社会で生

きて働く力を育成していこうとすると、学びのデザインには、できる限り「ほんもの」でリアルな「真正さ」を追究していくことが求められる。

そのため、学びの枠組みを設定するときに、教科に分けるのではなく、カリキュラムを統合していこうという研究や実践がこれまでにも積み重ねられてきた。たとえば、ドレイクら (2004) は、カリキュラムを複数の分野から構成する「多分野 (multidisciplinary) アプローチ」、分野に共通するスキルや概念をもとに構成する「学際的 (interdisciplinary) アプローチ」、児童生徒の問題や関心から構成する「教科を越えた (transdisciplinary) アプローチ」に分類して、実践事例を紹介している。

新しい教育課程が始まる中で、こうしたカリキュラム統合をめぐる理論や実践から学ぶことも多い。現在でも、教科学習においては、同じテーマのもとにいくつかの教科を関連づけて指導することができる。総合的な学習の時間では、テーマをもとに各教科・領域と関連づけたり、組み合わせたりすると多様なカリキュラムを考えることができる。これまでの教育実践をベースに、カリキュラム統合を試みる取り組みがこれからますます重要になってくるだろう。

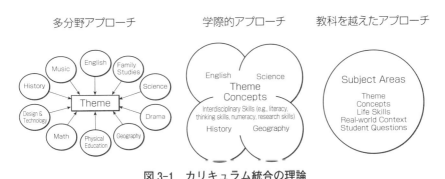

図3-1　カリキュラム統合の理論

(出典) Drake, S. M. & Burns, R. C., *Meeting Standards through Integrated Curriculum*, Association for supervision and Curricum Development, 2004, p.9, p.12, p.14.

3. 学校の潜在的機能

　カリキュラムを「子供の教育体験の総体」と捉えると，子供たちが実際に学んでいることは，これまでに検討したような意図的・計画的な側面だけではなく，人間形成に暗黙的に影響を与えている側面がある。こうした知らず知らずのうちに学ばれる学校の暗黙的機能を，明示的に組織される「顕在的カリキュラム」に対し「潜在的カリキュラム」あるいは「隠れたカリキュラム」と呼ぶ。授業のデザインにあたっては，このような学校の潜在的な機能を視野に入れておくことが必要である。

　「隠れたカリキュラム」の概念は，1970年代に，ジャクソン（Jackson, P. W.）によって使われ，カリキュラム研究のひとつの分野を開拓することになった。彼は，小学校6年間が教会での毎週の礼拝の50年間分に相当することに着目し，教室で何が学ばれているのかを，参与観察を通して明らかにした。「群れ」「賞賛」「権力」の視点から読み取ると，教室は，忍耐強く待ち，自分の欲求をあきらめ，課せられた仕事に専念する場であり，教師，生徒同士でたえず評価され，自己を評価する場であり，教師による「〜しなさい」という命令によって統制される場であるとし，学校の隠れたカリキュラムとして労働者への社会化という機能をもっていることを示唆した。

　潜在的カリキュラムの議論は，その後，たとえば，社会階層間における「言語コード」の違い（B. バーンスタイン），「文化資本」の格差（P. ブルデュー），あるいは，中産階級に有利に選択される「公的知識（official knowledge）」（M. アップル）などが，階層間で不平等に機能するとした再生産論の形で展開していく。また，イリッチ（Illich, I.）は，病院・学校・福祉というものは，制度化され技術に依存するようになる中で，私たちがかつてもっていた生活の知恵や技を奪ってしまう「学校化された社会」に陥っていることを指摘し，「脱学校化」を唱えるなど，文明批判を展開した。

　潜在的カリキュラムの概念は重要である。「木を見て，森を見ない」という

言葉があるが，たとえば，算数を教えることによって，計算はできるようになるかもしれないが，同時に，算数を嫌いにしているかもしれないのである。学びの経験としてのカリキュラムには，無意図的・暗黙的な側面があることを自覚し，たとえば，学校の伝統，風土や物理的環境，教師集団の文化，教室の雰囲気，教師の言葉づかい，教師と生徒の人間関係など，子供の学びの環境構成に配慮することが重要であろう。

おわりに

　学びのデザイナーとしての力量形成には，本章で概観してきたように，カリキュラムの歴史から学ぶべき点は多い。カリキュラムの系譜を検討してみると，教育の目的をどのように考えるかで，カリキュラムは全く違った形になる。あるいは，教科カリキュラムと経験カリキュラムの考え方は，学問の論理と子供の論理をいかに捉えて，カリキュラムを編成していけばよいのかを検討していく視点となる。あるいは，「木を見て森を見ない」ことにならないように，潜在的カリキュラムの視点をもつことが大切であろう。カリキュラムの歴史や理論に学びながら，新しい教育課程を見据え，コンピテンシーを育む学びを創意工夫しながらデザインしていくことが期待される。

演　習

・あなたが教育の目的で重要だと思う順番に，① 知識中心主義，② 子供中心主義，③ 社会効率主義，④ 社会改造主義を並べ，なぜそのような順序にしたかの理由を考えよう。
・教科カリキュラムと経験カリキュラムそれぞれの長所と短所を比較して，表にまとめてみよう。

第3章　カリキュラムをデザインする基礎知識　41

注

(1)　教育内容の選択と組織化については，高浦勝義「教育課程」名倉栄三郎編『教育原理』八千代出版，1987 年，127-138 頁の枠組みを参考にした。

(2)　たとえば，安彦は教育課程を構成するうえでの 3 つの柱として，学問的要請，心理的要請，社会的要請を挙げている。安彦忠彦『教育課程編成論—学校で何を学ぶか』放送大学教育振興会，2002 年，40-44 頁。

(3)　文部科学省「幼稚園，小学校，中学校，高等学校及び特別支援学校の学習指導要領等の改善及び必要な方策等について（答申）」，2016 年 12 月 21 日，19 頁。

(4)　Drake, S. M. & Burns, R. C., *Meeting Standards through Integrated Curriculum*, Association for supervision and Curricum Development, 2004.

(5)　学校の潜在的機能は，佐藤学『教育方法学』岩波書店，1996 年，121-134 頁を参考にした。

第4章

授業をデザインする基礎知識

本章のポイント

- カリキュラムデザインを支える学習理論については，行動主義から構成主義へというパラダイム転換が進行している。
- これからの授業では，「真正の学力」の育成をめざして，「何を知っているか」から知識を活用して「何ができるか」へ，Teaching から Learning へと転換していくことが求められている。

　授業をデザインする学習理論については，行動主義から構成主義へとパラダイムが大きくシフトしている[1]。新しい学習指導要領において，コンテンツからコンピテンシーへと力点が移行する中で，構成主義の視点に立った授業づくりがますます重要になってきている。

　本章では，学習理論をめぐるパラダイム転換を踏まえ，真正の学力としてのコンピテンシーの育成をめざす授業づくりについて検討したい。

1. 行動主義学習理論とカリキュラム

(1) 行動主義とカリキュラム

　20 世紀の支配的なパラダイムは，行動主義心理学を基礎にした学習理論であった。行動主義の心理学によれば，学習は，行動の変化を意味する。すなわち，学習においては，新しいことが「できる」ことがめざされる[2]。

43

20世紀初頭に，ソーンダイク（Thorndike, E.）やワトソン（Watson, J. B.）らによって，鳩やネズミを使った実験をもとに，「条件づけ」の概念がつくられ，学習のメカニズムが説明されることになる。すなわち，学習とは，条件づけによる刺激と反応の連合によって，比較的永続する行動の変容が生起することを意味すると考えられたのである。

　このような行動主義の考えは，カリキュラム開発にも応用され，条件づけにより新しい知識や技能の効率的な獲得をめざす，科学的なカリキュラム作成の手法が考案されることになる。

　そこでは，学習は，細分化された断片的な知識が「まっさらな石版（blank slate）」に一つひとつ刻み込まれていく過程としてイメージされた。そのため，カリキュラムの作成にあたっては，学習の目標や内容が構造化され系列化された。授業では，その計画に従って，正の強化による動機づけを伴いながら，スモールステップで階段を一段ずつのぼるように学習活動が進められていった。また，学習効果を確認するためにテストが多用され，事前テスト－学習－事後テストという形式が浸透していった。

　このようにして，行動主義に基づく学習理論を基礎にして，受動的な知識注入型のカリキュラムの伝統が定着していったのである。

(2) 行動主義の学習理論―スキナーのプログラム学習

　ここでは，行動主義に基づく学習理論として，スキナーのプログラム学習を取り上げる。[3] プログラム学習とは，学習内容を細分化して，一つひとつステップを踏みながら，到達目標を確実に達成できるようにした個別学習の方法である。アメリカの心理学者スキナー（Skinner, B. F.）の理論をもとにしている。

　プログラム学習は，5つの原理に従っている。① 少しずつ段階的に学習する「スモールステップの原理」，② ヒントの量を徐々に減らしていく「ヒント後退の原理」，③ 学習者の働きかけには必ず反応する「積極的反応の原理」，④ 反応ではすぐに正誤を知らせる「即時フィードバックの原理」，⑤ 学習者

のペースで学習を行う「自己ペースの原理」である。こうしたプログラム学習の考え方は，ティーチングマシンに導入され，その後コンピュータを用いた学習（CAI）へと発展していった。

2. 構成主義学習理論とカリキュラム

(1) 構成主義とカリキュラム

　一方，認知科学の発達を背景に，構成主義の学習理論が注目されるようになる。構成主義の心理学においては，学習は，認知構造の変容を意味する。すなわち，学習においては，新しいことが「わかる」ことがめざされる。[4]

　構成主義に立てば，学習は，白紙の状態にある子供に，断片的な知識を蓄積していくようなものではなく，すでにもっている認知の枠組みに，新しい知識を関連づけ，組み込んだり組み換えたりする営みを意味する。

　そのため，構成主義のもとでは，カリキュラム開発は，知識の記憶ではなく，子供自身による「探求（あるいは，反省的思考）」が重視されることになる。すなわち，子供たちは，未発達であっても自分なりの世界を理解する枠組みをすでにもっている。そのため，学習においては，そのような既有知識をベースに，新しい知識をいかに関わらせながら新たな理解へと導いていくのかが求められることになる。評価にあたっては，指導の過程において，テストよりはむしろ，子供の観察，あるいは，子供の作品などを意図的，計画的に収集した「ポートフォリオ」などが活用されることになるのである。

(2) 構成主義の学習理論

　ここでは，構成主義に基づく学習理論として，ブルーナーの発見学習，オースベルの有意味受容学習，ヴィゴツキーの社会的な学習を取り上げる。

① ブルーナーの発見学習

　発見学習は，科学的な概念や原理が発見されるプロセスを追体験することを

第4章　授業をデザインする基礎知識　　45

通して知識とともに学び方を学ぶ学習方法をいう。[5]教科の構造を重視し，その一般的原理の発見を通して学ぶことを主張したアメリカの認知心理学者ブルーナー（Bruner, J. S.）によって提唱された。

発見学習の過程は，① 問題場面において発見すべき「課題の把握」，② 課題解決のための「仮説の設定」，③ 観察したり，証明したり実験したりする「仮説の検証」，④ より高次の問題場面に適用し発展させたり，結論を出す「まとめ」となっている。発見学習は，発見の経験を通した探究的な学習を通して，知識とともに学習する能力の育成をめざすものである。

② オースベルの有意味受容学習

有意味受容学習は，子供のもつ既有知識と新しい学習内容を関連づけて進められる学習方法である。[6]アメリカの教育心理学者オースベル（Ausubel, D.）によって提唱された。

有意味受容学習では，新しい学習内容を学ぶのに先だって，それを要約した先行オーガナイザーを提示する。そうすることで，有意味な学びの文脈を準備し見通しをもって学習に取り組めるようにする。子供のすでにもっている知識とこれから学習する知識とを関連づけることで，有意味な学習状況をつくり出そうという試みである。有意味受容学習は，学習者が学習内容について十分な知識をもたない場合や応用的な場合に効果があることが明らかにされている。

③ ヴィゴツキーの社会的相互作用の学習

学習というものは，個人的な過程であるとともに，社会的で協調的な過程でもあり，文化的な道具，とくに言葉を媒介とした社会相互作用として生起するという考えがある。[7]旧ソ連の心理学者ヴィゴツキー（Vygotsky, L. S.）らによって提唱された。

ヴィゴツキーは，社会的関係が個人の中に取り込まれ再構成されるという内化（internalization）を通して人は発達すると考える。その際，一人で到達できるレベルとしての現在の発達水準と教師や仲間の援助によって到達できるレベルとしてのいわば明日の発達水準を区別し，それらの水準の間にある領域を

「最近接発達領域」と呼んだ。社会的相互作用の過程で，最近接発達領域に適切に働きかけることで発達が促されると考えたのである。

最近接発達領域に対する効果的な働きかけとして，「足場かけ（scaffolding）」がある。教師や支援者は，やってみせたり，援助したりする足場かけの程度を徐々に減らしながら，子供の活動範囲を広げ，最終的に独力で問題を解決できるように導いていくことで学習を促進させることができるのである。

3.「何を知っているか」から知識を活用して「何ができるか」へ

ここでは，行動主義から構成主義へのパラダイム転換を踏まえ，「真正さ」の概念に着目し，新しい教育課程における授業デザインのあり方を検討したい。

(1)「真正の学力」を求めて

これからの教育においてカギとなるのは，真正の評価論の中で提起された「真正さ（authenticity）」という概念だと思われる。「オーセンティック（authentic）」といえば，一般には，絵画や書物が「にせもの」ではなく「本物」であること，報告が「虚偽」ではなく「根拠のある」「信頼できる」ことなどの文脈で使われている。現実の生活と遊離したばらばらな知識の量としての学力を測定する標準テストを批判し，真正の評価論は，現実の世界で生きて働く「本物の」「根拠のある」「真正な」学力を問題にしている。

コンピテンシーを育成するためには，ばらばらの知識の記憶と再生ではなく，現実の世界でリアルな課題の探究あるいは問題解決が重要になってくる。私たちは，市民として，複雑な現代社会で高度な意思決定を行い，また，働き手として，各職場で多様な問題解決をする。このような生きるうえで直面する切実な課題を遂行するために，高次の思考力，判断力，あるいは実践力が求められている。

たとえば，ニューマン（Newmann, F. M.）らは，このような今日的な生きて

第4章　授業をデザインする基礎知識　　47

働く学力を「真正の学力」と呼び，① 既存知識の「再生」ではなく，新しい知識の「生産」，② 知識の「記憶」ではなく，先行する知識に基づく「学問的な探究」，③ 学校で閉じた知的成果ではなく，「学校を超えた価値」をもつ知的成果を伴うものとして概念化している。これからの教育に求められているのは，このような現実世界を生き抜くための真正の学力の視点からの改革だと思われる。

(2) 知識の伝達型から子供の主体的な学びへ

このような真正な学力の育成をめざすためには，知識の伝達型から子供の主体的な学びへ転換していくことが必要となってくる。

「何を知っているか」が問われた時代は，教師が知っておくべきだと思われる内容を選択して，それを組織して教授するという形で授業をデザインすればそれですんでいた。学問領域の論理に従って，教師が学習内容を選択し構成して知識を教え，単元の最後に伝達した知識を記憶できているかどうかをテストにより評価すればよかったといえる。

しかし，知識を活用して「何ができるか」が問われるようになると，これまでの授業を聞くだけの受け身の学習では十分ではなくなる。何かができるようにするためには，学んだ知識が活用できるかどうかが問われるようになる。そのためには，育みたい資質・能力の視点から，子供の学びの経験を再構成して，学習の結果としてどのようなパフォーマンスができるようになるのかが重要になる。当然のことながら，教える内容も，学習の方法も，評価のあり方も大きく変えていくことが必要になってくるのである。

なお，ここで注意しておきたいことは，資質・能力を育む教育は，知識を軽視する教育ではないということである。それとは逆に，資質・能力の育成のためには，これまで以上に知識の質を問うものになる。しっかりとした学問領域の知識のベースがあって初めて深い理解が促され，資質・能力の育成につながっていくことに留意する必要があるのである。

4. Teaching から Learning へのパラダイム転換

　これからの教育のあり方は，別のいい方をすれば，teaching から leaning へのパラダイム転換ということができる。では，どのような形で学びを変えていけばよいのだろうか。目標・内容・方法・評価の観点から考えてみたい。

表 4-1　Teaching から Learning への転換

	教育目標	教材／内容	教育方法	教育評価
Teaching	コンテンツ知識の習熟	学校知識 事実・法則 二次資料，教科書	情報の伝達	テスト評価 総括的評価
Learning	コンピテンシー（真正の学力）	オーセンティック 大きな概念 一次資料，多面的な教材	アクティブ・ラーニング 探究，協調学習	真正の評価 形成的評価＋ 総括的評価

(1) 教育目標―コンテンツからコンピテンシーへ

　教育目標については，コンテンツからコンピテンシーへの転換ということである。知識の習得が問われた時代は，教師は，教科で知っておくべきだと思われる内容を選択して，それを教授するという形で授業を進めてきた。それが，資質・能力の育成が問われるようになると，知識を身につけるだけでは十分ではなくなり，知識を活用してどのような問題解決ができるかが問われることになる。

　そのため，めざすべき目標は，教科等の内容といったコンテンツを覚えるといったものではなく，コンテンツを深く学ぶことを通して，何ができるようになるのかというコンピテンシーを育成するということになる。

(2) 教育内容・教材―学校知識からオーセンティックな知識へ

　教育内容・教材については，学校知識からオーセンティックな知識への転換ということである。オーセンティックとは，前述のように，にせものではなく，ほんものという意味である。教科書に書いてある知識をそのまま学ぶので

第 4 章　授業をデザインする基礎知識　　49

はなく，実生活や実社会にあるリアルな現実や事象を重視して知識を学んでい
くことになる。

　社会で生きて働く力を育てるには，できるだけほんもので真正な課題をもと
に知識を学んでいくことが必要になってくる。

(3) 教育方法─教授からアクティブ・ラーニングへ

　教育方法については，教授からアクティブ・ラーニングへの転換ということ
である。知識の伝達ではなく，コンピテンシーを育てる深い学びを実現するた
めの方法である。単に子供が活発に活動する学習というだけでは十分ではな
く，主体的で，対話的で，深い学びを実現することが大切である。

　こうしたアクティブ・ラーニングを通して，知っているレベルではなく，わ
かるレベル，さらには使えるレベルまでに知識を高めることがめざされている
（詳しくは第13章参照）。

(4) 教育評価─テスト評価から真正の評価へ

　教育評価については，テスト評価から真正の評価への転換ということである。
何を知っているかは，テストを通して把握することが可能である。教えた内容
がどれだけ身についたかどうかをテストすればそれですんでいた。しかし，何
ができるかになると，ある状況における実際のパフォーマンスを捉えることが
必要になってくる。

　そのためには，評価にあたっては，真正（まるごと）の学力形成を捉えるパ
フォーマンス評価，計画的に時系列に沿って児童生徒の作業実績や作品を収集
するポートフォリオ，あるいは，評価に信頼性や妥当性をもたせる評価基準で
ある「ルーブリック（rubric）」を活用することが有効になってくると思われる
（詳しくは第15章参照）。

5. 学びのイノベーション

　教師主導の一斉指導型から子供の主体的な学びへと，学びのイノベーションを進めていくことが期待されている。これからの授業づくりにおいては，表4-2の対比から示唆されるように，構成主義に基づく学習理論を踏まえて，主体的で能動的な知識の構成をめざしたカリキュラムづくりが期待されているのである。

表4-2　2つのパラダイムと学校環境

伝統的な学級	構成主義者の学級
・カリキュラムは基礎的な技能が強調され，部分から全体へと提示される。 ・固定されたカリキュラムの厳守が高く価値づけられる。 ・カリキュラムの活動は，教科書とワークブックに重く依存している。	・カリキュラムは，大きな概念が強調され，全体から部分へと提示される。 ・生徒の疑問の探求が高く価値づけられる。 ・カリキュラムの活動は，データの一次的な資料や操作的な教材に重く依存している。
・生徒は，情報が教師によって刻まれる「まっさらな石版」としてみなされる。 ・教師は，通常生徒に情報を伝達する際に，説教的なやり方でふるまう。	・生徒は，世界について新しく生まれる理論をもつ思索家としてみなされる。 ・教師は通常生徒のために環境を仲介する際に，対話的なやり方でふるまう。
・教師は，生徒の学習を確認するために，正しい答えを求める。	・教師は，次の授業で使われる生徒の現在の概念を理解するために，生徒のものの見方を求める。
・生徒の学習の評価は，指導とは分離したものと捉えられ，ほとんどすべてがテストを通して行われる。	・生徒の学習の評価は，指導とからみ合ったものと捉えられ，生徒の学習の観察や生徒の作品やポートフォリオを通して行われる。
・生徒は，おもに一人で学習する。	・生徒はおもにグループで学習する。

(出典) J. G. Brooks & M. G. Brooks, *In Search of Understanding: The Case for Constructivist Classrooms*, ASCD: Alexandria: VA, 1993, p. 17.

おわりに

　コンピテンシーを育てるための授業デザインは，学習理論における行動主義

第4章　授業をデザインする基礎知識　　51

から構成主義へというパラダイム転換を踏まえたものである必要があるだろう。実生活や実社会を生き抜く真正の学力の育成をめざすには，主体的・対話的・深い学びとしてアクティブ・ラーニングが求められる。核心となる概念を中心に，主体的で対話的な「探究（反省的思考）」を重視する学習活動を展開して，子供の認知の枠組みを組み換えていくような深い学びを実現することが重要になる。そこでは，断片的な知識の記憶や再生ではなく，主体的な問題解決を通した高次の思考力や判断力等，実社会や実生活で生きて働く真正の学力の育成がめざされることになる。新学習指導要領では，このような学びのイノベーションを実現していくことが求められているのである。

演 習

・行動主義と構成主義の学習理論を比較してみよう。
・資質・能力の育成が求められている中で，どのように授業を変えていくことが求められているのかについて考えよう。

注

(1) 鹿毛によれば，行動主義，認知的構成主義と社会的構成主義の3つの理論的立場があるが，近年は構成主義の考え方が重視されているとしている。鹿毛雅治「学習環境と授業」高垣マユミ編著『授業デザインの最前線Ⅱ』北大路書房，2010年，24-25頁。

(2) 植木理恵「教育の方法」鹿毛雅治編『教育心理学』朝倉書店，2006年，157-160頁。

(3) 田中耕治・鶴田誠司・橋本美保・藤村宣之『新しい時代の教育方法』有斐閣，2012年，130-131頁。

(4) 植木，前掲論文，160-171頁。

(5) 田中他，前掲書，131頁。

(6) 同上書，131-132頁。

(7) 同上書，132-136頁。

(8) Newmann, F. M. & Associates, *Authentic Achievement: Restructuring Schools for Intellectual Quality*, Jossey-Bass, 1996, pp.22-28.

第5章

教育課程の意義と位置づけ

--- 本章のポイント ---

● カリキュラムをデザインするには，教育課程の基本枠組み（教育基本法→学校教育法→学校教育法施行規則→学習指導要領→教育課程［学校]）を理解しておく必要がある。

● 新しい学習指導要領を踏まえ，特色ある学校レベルの教育課程をデザインしていくことが期待される。

　教育の目的・目標とは公的にはどのように規定されているのだろうか。それらを受けて学校において教育課程をいかに編成していけばよいのだろうか。コンピテンシーといった社会で生きて働く力の育成をめざすには，踏まえておくべき教育法規がある。教育基本法，学校教育法，学校教育法施行規則，学習指導要領など，子供の学びをデザインしていく基礎的な枠組みについての知識をもっていることが不可欠である。

　本章では，コンピテンシーの育成に向けて学力形成を実現していくのに知っておくべき教育課程の基本的な枠組みを整理したうえで，学校レベルの教育課程を構想していく手順について検討する。

1. 教育の目的と目標

(1) 教育基本法と教育の目的と目標

　学校教育は，何をめざして行われるのだろうか。カリキュラムデザインの最も基礎となる教育の目的や目標は，教育基本法に規定されている。

　学校教育の目的や目標は，すべての教育法規の基本法となる教育基本法に規定されている。教育基本法は，社会が大きく変化し，困難な諸課題に直面するようになる中で，新しい時代の教育理念を明確にするため，2006［H18］年12月におよそ60年ぶりに改正された。新しい教育基本法においては，「人格の完成」や「個人の尊厳」などのこれまで掲げられてきた普遍的な理念を継承しつつ，これからの未来を切り拓いていくために，以下のような日本人の育成をめざすことが明確にされた。

・知・徳・体の調和がとれ，生涯にわたって自己実現を目指す自立した人間
・公共の精神を尊び，国家・社会の形成に主体的に参画する国民
・我が国の伝統と文化を基盤として国際社会を生きる日本人

　改正教育基本法では，教育の目的（第1条）で「教育は，人格の完成を目指し，平和で民主的な国家及び社会の形成者として必要な資質を備えた心身ともに健康な国民の育成を期して行われなければならない。」と定めている。その目的を実現するために重要と考えられる事柄を示した教育の目標（第2条）では，知・徳・体の育成（第1号），個人の自立（第2号），他者と社会とのかかわり（第3号），自然と環境とのかかわり（第4号），伝統と文化を基盤として国際社会を生きる日本人（第5号）について具体的に規定している。

教育基本法（抄）

（教育の目的）

第1条　教育は，人格の完成を目指し，平和で民主的な国家及び社会の形成者として必要な資質を備えた心身ともに健康な国民の育成を期して行われなければ

ならない。

（教育の目標）
第2条　教育は，その目的を実現するため，学問の自由を尊重しつつ，次に掲げる目標を達成するよう行われるものとする。
1　幅広い知識と教養を身に付け，真理を求める態度を養い，豊かな情操と道徳心を培うとともに，健やかな身体を養うこと。
2　個人の価値を尊重して，その能力を伸ばし，創造性を培い，自主及び自律の精神を養うとともに，職業及び生活との関連を重視し，勤労を重んずる態度を養うこと。
3　正義と責任，男女の平等，自他の敬愛と協力を重んずるとともに，公共の精神に基づき，主体的に社会の形成に参画し，その発展に寄与する態度を養うこと。
4　生命を尊び，自然を大切にし，環境の保全に寄与する態度を養うこと。
5　伝統と文化を尊重し，それらをはぐくんできた我が国と郷土を愛するとともに，他国を尊重し，国際社会の平和と発展に寄与する態度を養うこと。

(2) 学校教育法と義務教育，及び，小・中・高等学校の目標

　教育基本法の理念に基づき，学校教育法が定められている。学校教育法もまた，教育基本法の改正を受けて 2007［H19］年6月に一部改正された。

　学校教育法では，新たに義務教育の目的が第 21 条として規定されることになった。また，各学校段階の目的や目標が改められ，小学校は第 29，30 条，中学校は第 45，46 条，高等学校は第 50，51 条に規定されている。

　学校教育法では，学力の概念が規定されることになった。以下の条文に示す

学校教育法（昭和 22 年法律第 26 号）（抄）
第 21 条　義務教育として行われる普通教育は，教育基本法（平成 18 年法律第 120 号）第 5 条第 2 項 に規定する目的を実現するため，次に掲げる目標を達成するよう 行われるものとする。
1　学校内外における社会的活動を促進し，自主，自律及び協同の精神，規範意識，公正な判断力並びに公共の精神に基づき主体的に社会の形成に参画し，その発展に寄与 する態度を養うこと。
2　学校内外における自然体験活動を促進し，生命及び自然を尊重する精神並びに環境の保全に寄与する態度を養うこと。

3 我が国と郷土の現状と歴史について，正しい理解に導き，伝統と文化を尊重し，それらをはぐくんできた我が国と郷土を愛する態度を養うとともに，進んで外国の文化の理解を通じて，他国を尊重し，国際社会の平和と発展に寄与する態度を養うこと。

4 家族と家庭の役割，生活に必要な衣，食，住，情報，産業その他の事項について基礎的な理解と技能を養うこと。

5 読書に親しませ，生活に必要な国語を正しく理解し，使用する基礎的な能力を養うこと。

6 生活に必要な数量的な関係を正しく理解し，処理する基礎的な能力を養うこと。

7 生活にかかわる自然現象について，観察及び実験を通じて，科学的に理解し，処理する基礎的な能力を養うこと。

8 健康，安全で幸福な生活のために必要な習慣を養うとともに，運動を通じて体力を養い，心身の調和的発達を図ること。

9 生活を明るく豊かにする音楽，美術，文芸その他の芸術について基礎的な理解と技能を養うこと。

10 職業についての基礎的な知識と技能，勤労を重んずる態度及び個性に応じて将来の進路を選択する能力を養うこと。

ように，小・中・高等学校においては，①基礎的・基本的な知識・技能，②知識・技能を活用して課題を解決するために必要な思考力・判断力・表現力等，③学習意欲が，3つの構成要素として明確にされたのである。

第30条第2項，第49条，第62条
……生涯にわたり学習する基盤が培われるよう，基礎的な知識及び技能を習得させるとともに，これらを活用して課題を解決するために必要な思考力，判断力，表現力その他の能力をはぐくみ，主体的に学習に取り組む態度を養うことに，特に意を用いなければならない。

　これらの目的や目標をもとに，各学校では，地域や学校，子供たちの実態を踏まえ，それぞれ独自の教育目標を設定することになる。

2. 教育課程の編成（各教科の編成と授業時数）

　新しい教育課程において資質・能力の３つの柱は，学校教育の目標として位置づけられ，すべての教科や領域を通して育成することがめざされている。ここでは，こうした学校の教育課程を編成する各教科の編成と授業時数について整理しておきたい。学校の教育課程を編成するにあたり，各教科の編成及び授業時数については，学校教育法施行規則に規定されている。

(1) 各教科の編成

　小学校では，今回の学習指導要領の改訂によって，中学年から「外国語活動」が導入され，高学年からは外国語が教科として位置づけられた。また，平成27年３月に学習指導要領等の一部改正を行い，「特別の教科 道徳」がすでに設定されている。これらにより，小学校の教育課程は，10教科，特別の教科 道徳，外国語活動，特別活動，及び，総合的な学習の時間から編成することになった。

　中学校の教育課程については，必修教科（国語，社会，数学，理科，音楽，美術，保健体育，技術・家庭及び外国語），選択教科，特別の教科 道徳，特別活動，及び，総合的な学習の時間で編成するものとされている。

　一方，高等学校の教育課程は，各教科に属する科目，特別活動及び総合的な探究の時間によって編成するものとされている。なお，総合的な探究の時間への名称変更については，実社会・実生活から自ら見出した課題を探究することを通じて，自分のキャリア形成と関連づけながら，探究する能力を育むという在り方を明確化するために行われた。

　各教科には，① 普通教育に関する各教科（国語，地理歴史，公民，理数，数学，理科，保健体育，芸術，外国語，家庭，情報）と，② 専門教育に関する各教科（農業，工業，商業，水産，家庭，看護，情報，福祉，理数，体育，音楽，美術，英語）がある。

第5章　教育課程の意義と位置づけ　　57

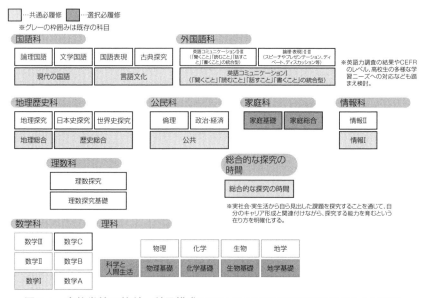

図5-1 高等学校の教科・科目構成について（科目構成等に変更があるものを抜粋）
(出典) 文部科学省「答申」概要，2016年，26頁。

　高等学校の教科・科目構成については，今回の学習指導要領の改訂によって図5-1のように，大幅な見直しが行われた。大きな変更点のみをみてみると，共通必修科目として，地理歴史科には，地理総合と歴史総合が，公民科には公共が新設された。また，選択科目として，理数探究が新設された。

(2) 授業時数

　授業時数については，小学校及び中学校の時数は，表5-1，5-2の通りである。
　小学校においては，前回の学習指導要領の改訂において授業時数が大幅に増加したが，今回の改訂においても，外国語教育の充実に伴い，中学年と高学年においてさらに35時間の増となっている。中学校においては変更はない。
　小学校ついては，1単位時間は45分であるが，全体の授業時数としては，学年ごとにみてみると，3から6年生で35単位時間（週1コマ）の増加となっ

表 5-1　各教科等の授業時数（小学校）

	第1学年	第2学年	第3学年	第4学年	第5学年	第6学年	計
国　　　語	306	315	245	245	175	175	1461
社　　　会	—	—	70	90	100	105	365
算　　　数	136	175	175	175	175	175	1011
理　　　科	—	—	90	105	105	105	405
生　　　活	102	105	—	—	—	—	207
音　　　楽	68	70	60	60	50	50	358
図 画 工 作	68	70	60	60	50	50	358
家　　　庭	—	—	—	—	60	55	115
体　　　育	102	105	105	105	90	90	597
特別の教科である道徳	34	35	35	35	35	35	209
特 別 活 動	34	35	35	35	35	35	209
総合的な学習の時間	—	—	70	70	70	70	280
外国語活動	—	—	35	35	—	—	70
外　国　語	—	—	—	—	70	70	140
合　　　計	850	910	980	1015	1015	1015	5785

（出典）文部科学省「答申」別紙，2016 年，44 頁。

表 5-2　各教科等の授業時数（中学校）

	第1学年	第2学年	第3学年	計
国　　　　　語	140	140	105	385
社　　　　　会	105	105	140	350
数　　　　　学	140	105	140	385
理　　　　　科	105	140	140	385
音　　　　　楽	45	35	35	115
美　　　　　術	45	35	35	115
保 健 体 育	105	105	105	315
技 術・家 庭	70	70	35	175
外　　国　　語	140	140	140	420
特別の教科である道徳	35	35	35	105
特 別 活 動	35	35	35	105
総合的な学習の時間	50	70	70	190
合　　　　　計	1015	1015	1015	3045

（出典）文部科学省「答申」別紙，2016 年，45 頁。

ている。前述の通り，中学年に外国語活動 (35時間) が導入され，高学年に教科としての外国語 (75時間) が加わったため，3〜6年に35時間が新たに配当されている。一方，中学校については，1単位時間は50分であるが，全体の授業時数としては，変更はない。

　なお，高等学校については，1単位時間は50分であるが，単位制となっており，35単位時間の授業を1単位として計算することになっている。各高等学校では，前述の各教科に属する科目，及び，総合的な探究の時間を含んで取得される単位数が，74単位以上になるように教育課程を編成することになっている。また，共通して身につける必履修教科・科目を設けており，全学科共通で，最低でも38単位を設定することになっている。

(3) 学習指導要領についての規定

　教育課程については，学校教育法施行規則第52条において，文部科学大臣が別に公示する学習指導要領によることを規定している。

学校教育法施行規則　第52条

第52条　小学校の教育課程については，この節に定めるもののほか，教育課程の基準として文部科学大臣が別に公示する小学校学習指導要領によるものとする。(中学校については第74条で，高校については第84条で同様に規定)

　なお，学習指導要領は第2次改訂 (1958 [S33] 年) から，文部省告示として官報に公示されるようになり，法的な拘束力をもつとされることになった。

3. 学習指導要領

　学習指導要領は，学校が編成する教育課程の大綱的な基準を示すもので，これまでおおむね10年間に1度の割合で改訂されている。
　改訂された学習指導要領の総則では，教育課程編成の一般方針について以下

のように規定している。[1]

> **学習指導要領の総則**
>
> 各学校においては，教育基本法及び学校教育法その他の法令並びにこの章以下に示すところに従い，生徒の人間として調和のとれた育成を目指し，生徒の心身の発達の段階や特性及び学校や地域の実態を十分考慮して，適切な教育課程を編成するものとし，これらに掲げる目標を達成するよう教育を行うものとする。

　学習指導要領は，国が一定の教育水準を確保するために，教育基本法第2条（教育の目標）や学校教育法第21条（義務教育の目標）などの規定を踏まえて定めるもので，教育の機会均等を保障することを意図している。

　学習指導要領をもとに，教育委員会は，教育課程など学校の管理運営の基本事項について規則を設定する。各学校は，地域や学校あるいは児童生徒の実態に応じて，特色ある教育課程を編成し実施することになる。

4. 学校レベルの教育課程の開発

　学習指導要領に基づき，各学校では教育課程を編成することになる。教育課程とは，「学校教育の目的や目標を達成するために，教育の内容を子供の心身の発達に応じ，授業時数との関連において総合的に組織した学校の教育計画であり，その編成主体は各学校である」とされている。編成の基本な要素には，① 学校の教育目標の設定，② 指導内容の組織，③ 授業時数の配当がある。編成主体である学校は，教育基本法や学校教育法の理念を踏まえ，地域，学校，児童生徒の実態をもとに，教育目標や資質・能力像を設定し，その実現に向けた学校カリキュラハを構想することが求められている。

　その手順としては，以下のようになっている。[2]

第5章　教育課程の意義と位置づけ　61

(1) 教育課程の編成に対する学校の基本方針を明確にする。

　基本方針を明確にするということは，教育課程の編成に対する学校の姿勢や作業計画の大綱を明らかにするとともに，それらについて全教職員が共通理解をもつことである。

(2) 教育課程の編成のための具体的な組織と日程を決める。

　教育課程の編成は，組織的かつ計画的に実施する必要がある。そのために編成を担当する組織を確立するとともに，それを学校の組織全体の中に明確に位置付ける。また，編成の作業日程を明確にするとともに，それと学校が行う諸活動との調和を図る。

(3) 教育課程の編成のための事前の研究や調査をする。

　事前の研究や調査によって，教育課程についての国や教育委員会の基準の趣旨を理解するとともに，教育課程の編成にかかわる学校の実態や諸条件を把握する。

(4) 学校の教育目標など教育課程の編成の基本となる事項を定める。

　学校の教育目標など教育課程の編成の基本となる事項は，学校教育の目的や目標及び教育課程の基準に基づきながら，しかも各学校が当面する教育課題の解決を目指し，両者を統一的に把握して設定する。

(5) 教育課程を編成する。

　教育課程は学校の教育目標の実現を目指して，指導内容を選択し，組織し，それに必要な授業時数を定めて編成する。

　教育課程の編成と実施の関係については，学校の教育活動全体の基盤となる計画である教育課程を作成することを「教育課程の編成」という[3]。他方，学校においては，教育課程を具現化するために，各教科等，学年，学級ごとの指導計画を作成し，教育活動を展開していくが，その一連の過程を「教育課程の実施」という。学校の教育目標を達成するために，教育課程の編成と実践をつなげて捉え，教育活動を効果的に展開するとともに，不断に評価・改善していくことが求められている。

おわりに

　教育基本法の改正とそれに伴う学校教育法の一部改正により，教育の目標が明確にされ，学力の3要素も規定されるようになった。学びのデザイナーとしての教師にとって，こうした教育目標を達成していくためにも，教育基本法，学校教育法，学校教育法施行規則，学習指導要領などに関心をもち，教育課程の基本的な枠組みについての基礎的な知識をもつ必要がある。

　一方，教育課程の基準として上述の枠組みがあるにしても，学習指導要領の大綱化あるいは既成緩和は進み，学校や教師の裁量の幅は拡大しており，教師が創意工夫する余地は確実に広がっている。特色のある教育課程，指導計画，授業をデザインしていくためにも，踏まえておくべき教育法規をしっかりと理解しておきたい。

演　習

・教育基本法の改正とそれに伴う学校教育法の一部改正により，教育の目標をめぐって何が変わったのかをまとめよう。
・授業をデザインする際には，教育法規を踏まえると，どのようなことを配慮しなければならないかを考えよう。

注

(1)　文部科学省『中学校学習指導要領』，2017年3月，3頁。
(2)　文部科学省『中学校学習指導要領解説総則編』，2008年7月，89-92頁
(3)　吉富芳正「資質・能力の育成を実現するカリキュラムマネジメント次の時代の教育になぜ 不可欠なのか」田村知子・村川雅弘・吉冨芳正・西岡加名恵編著『カリキュラムマネジメント・ハンドブック』ぎょうせい，2016年，2-19頁。

第6章

学習指導要領の変遷と
資質・能力目標の展開

本章のポイント

● 学習指導要領は時代とともに経験主義と系統主義の間を振り子のように振れてきたが，おおむね10年ごとに改訂されており，今回は第8次の改訂である。

● 新学習指導要領では，変化の激しい予測のつかない社会の到来を背景に，学校教育の目的として，資質・能力の3つの柱を育成するということが掲げられた。

　学習指導要領は，その時代の教育課題を踏まえ，おおむね10年ごとに改訂されており，小学校，中学校，義務教育学校，高等学校，中等教育学校，特別支援学校などにおける教育内容を規定している。学習指導要領は，教育課程の基準となるもので，各学校はこれに基づいて特色ある教育課程を編成することになる。また，各教科の教科書は，学習指導要領に基づいて編纂されている。では，学習指導要領は歴史的にどのように展開してきたのだろうか。「生きる力」などの資質・能力目標は，どのようにして学習指導要領に取り入れられてきたのだろうか。

　本章では，学習指導要領の歴史的展開や資質・能力目標の導入について検討するとともに指導要録の変遷についても触れることにしたい。

1. 学習指導要領の歴史的変遷

　教育課程の基準である学習指導要領を支える学力観は，時代とともに経験主義と系統主義の間を振り子のように振れてきた。学習指導要領の歴史的変遷は，おおまかには図6-1のように展開している。

学習指導要領の変遷

昭和33～35年改訂
教育課程の基準としての性格の明確化
（道徳の時間の新設，基礎学力の充実，科学技術教育の向上等）（系統的な学習を重視）
（実施）
小学校：昭和36年度，中学校：昭和37年度，高等学校：昭和38年度（学年進行）

昭和43～45年改訂
教育内容の一層の向上（「教育内容の現代化」）
（時代の進展に対応した教育内容の導入）（算数における集合の導入等）
（実施）
小学校：昭和46年度，中学校：昭和47年度，高等学校：昭和48年度（学年進行）

昭和52～53年改訂
ゆとりある充実した学校生活の実現＝学習負担の適正化
（各教科等の目標・内容を中核的事項に絞る）
（実施）
小学校：昭和55年度，中学校：昭和56年度，高等学校：昭和57年度（学年進行）

平成元年改訂
社会の変化に自ら対応できる心豊かな人間の育成
（生活科の新設，道徳教育の充実）
（実施）
小学校：平成4年度，中学校：平成5年度，高等学校：平成6年度（学年進行）

平成10～11年改訂
基礎・基本を確実に身に付けさせ，自ら学び自ら考える力などの［生きる力］の育成
（教育内容の厳選，「総合的な学習の時間」の新設）
（実施）
小学校：平成14年度，中学校：平成14年度，高等学校：平成15年度（学年進行）

平成15年一部改正
学習指導要領のねらいの一層の実現（例：学習指導要領に示していない内容を指導できることを明確化，個に応じた指導の例示に小学校の習熟度別指導や小・中学校の補充・発展学習を追加）

平成20～21年改訂
「生きる力」の育成，基礎的・基本的な知識・技能の習得，思考力・判断力・表現力等の育成のバランス（授業時数の増，指導内容の充実，小学校外国語活動の導入）
（実施）小学校：平成23年度，中学校：平成24年度，高等学校：平成25年度（年次進行）
※小・中は平成21年度，高校平成22年度から先行実施

図 6-1　学習指導要領の変遷

（出典）文部科学省「答申」補足資料，2016年，29頁。

(1) 学習指導要領の誕生から第4次改訂まで

① 1947［S22］年の学習指導要領（試案）

戦前の知識注入型の教育の反省に立ち，新しい憲法や教育基本法の基本理念に基づき，経験主義による新教育をつくるために，1947［S22］年に初めての学習指導要領がつくられた。この学習指導要領は，一般編と各教科編からなり，試案として作成されたもので，教育課程（当時は，教科課程）を生かして教師が教育内容を自主的に構想する手引きとしての性格をもつものであった。

特徴としては，修身，日本歴史及び地理を廃止し，新たに社会科を設けたこと，小学校に家庭科を新設し男女とも履修することにしたこと，教科の発展やクラブ活動を行う自由研究を設けたことなどが挙げられる。

② 1951［S26］年の学習指導要領（試案）の第1次改訂

第1次全面改訂では，経験主義の考えがさらに徹底し，問題解決学習を重視する「教育の生活化」が進められた。この学習指導要領は，1947年の場合と同様に，一般編と各教科編に分けて試案の形で刊行された。また，教科課程に代えて「教育課程」という用語が使用されることになった。

特徴としては，小学校の各教科を4つの教科群（経験領域としての国語・算数，社会・理科，音楽・図画工作・家庭，体育）にまとめて時間数の配当を示したこと，自由研究を発展的に解消し「教科以外の活動」（小学校）及び「特別教育活動」（中学校，高等学校）が設けられたことなどが挙げられる。

③ 1958～60［S33～35］年の学習指導要領の第2次改訂

第2次改訂では，冷戦の国際情勢の「逆コース」政策のもとで，経験主義による「新教育」は，基礎学力の落ち込み，道徳の低下をもたらしたと批判され，系統主義へと大きく舵が切られることになった。高度経済成長の進展に合わせて，科学技術教育の振興が叫ばれ，知識の体系を重視した「教育の系統化」へと路線転換が図られることになった。

この改訂の特徴としては，教育に対する国の権限が大きくなり，学習指導要領が告示するものと改められ教育課程の基準性が明確にされたこと，週1時

間の道徳の時間が特設されたこと，授業時数を増加し，算数，理科の充実が図られたことなどが挙げられる。

④ 1968 ～ 70［S43 ～ 45］年の学習指導要領の第 3 次改訂

スプートニックショック（旧ソ連による世界初の人工衛星の打ち上げ成功）の影響は日本にも及び，第 3 次改訂では，最先端の科学技術や学問の視点から教育内容を再構成する「教育の現代化」が打ち出された。また，高度経済成長を背景とした国民生活の向上，文化の発展，国際的地位の向上などを考慮して，昭和 33 年改訂の基本方針を受け継ぎながら，時代の進展に対応した教育内容の導入などが進められた。

特徴としては，理数教育の充実をめざして，集合，関数，確立の概念が導入されるなど教育内容の高度化が進んだこと，特別教育活動と学校行事の内容が整理され，特別活動となったことなどが挙げられる。

⑤ 1977 ～ 78［S52 ～ 53］年の学習指導要領の第 4 次改訂

教育の現代化に伴い高度で過重となった教育内容により，受験競争の激化，落ちこぼれ，問題行動などの問題が顕在化する中で，教育のあり方が問い直されることになった。低経済成長の時代へと移行する中で，第 4 次改訂では，振り子は大きく反対方向に振れ，豊かな人間性を育てる「教育の人間化」の流れが始まる。

改訂の特徴としては，ゆとりある学校生活の実現をめざして，標準授業時数が 1 割削減され，指導内容は 2 割精選されたこと，学校裁量の時間「ゆとりの時間」が創設されたこと，体験的活動や勤労体験的活動など特色ある教育活動ができるようになったことが挙げられる。

(2) 資質・能力目標の導入から第 8 次改訂まで

① 1989［H1］年の学習指導要領の第 5 次改訂

情報化や国際化が大きく進展する中で，生涯学習の基盤を培うという観点に立ち，21 世紀をめざした社会の変化に自ら対応できる心豊かな人間の育成を

図ることを基本理念に，第5次改訂では，個に応じた指導を重視する「教育の個性化」が進んだ。

　この改訂において，「新しい学力観」が提唱され，学習指導要領へ資質・能力目標が導入されることになった。それは，「自ら学ぶ意欲の育成や思考力，判断力などの育成に重点を置く」学力観である。知識や記憶力が強調されてきたそれまで画一的なやり方から，変化の激しい社会に主体的に対応することのできる資質・能力を重視する教育への転換が図られたといえる。

　改訂の特徴としては，新しい学力観のもと，小学校1年と2年において，生活科が新設される一方で，社会科と理科が廃止されたこと，中学校における選択履修の幅が拡大されたこと，高等学校の社会科が地理歴史科と公民科へと再編され，家庭科が男女共修になったことなどが挙げられる。

　新しい学力観の考え方に立った学習指導要領を踏まえ，指導要録の改訂が1991年に行われた。各教科等の評価にあたっては，学習指導要領がめざす学力観が十分に評価できるようにする必要があるとして，評価の観点については，とくに自ら学ぶ意欲の育成や指導力，判断力，表現力などに重点を置き，「関心・意欲・態度」「思考・判断」「技能・表現」「知識・理解」の観点別による学習状況の評価が基本とされることになったのである。このような「新しい学力観」の考え方はその後，「生きる力」という資質・能力目標に引き継がれることになる。

② 1998 ～ 1999［H10 ～ 11］年の学習指導要領の第6次改訂

　第6次改訂では，完全学校週5日制のもとで，ゆとりある教育活動を転換し，生きる力を育むことがめざされており，総合的な学習の時間が導入され「教育の総合化」が進められた。

　育成がめざされる「生きる力」という資質・能力目標は，新しい学力観を継承したもので，その用語が最初に使われたのは，中央教育審議会答申「21世紀を展望した教育の在り方について」(1996.7) である。この答申では，これからの変化の激しい社会を見据えて，学校のめざすべき教育の姿として，「[生き

る力］の育成を基本とし，知識を一方的に教え込むことになりがちであった教育から，子供たちが，自ら学び，自ら考える教育への転換」を図ることが提言され，生きる力が学習指導要領を支える基本的な考え方となった。生きる力は，以下のように定義されている。[1]

今日の変化の激しい社会にあって，……これからの子供たちに必要となるのは，いかに社会が変化しようと，自分で課題を見つけ，自ら学び，自ら考え，主体的に判断し，行動し，よりよく問題を解決する資質や能力であり，また，自らを律しつつ，他人とともに協調し，他人を思いやる心や感動する心など，豊かな人間性であると考えた。たくましく生きるための健康や体力が不可欠であることは言うまでもない。我々は，こうした資質や能力を，変化の激しいこれからの社会を［生きる力］と称することとし，これらをバランスよくはぐくんでいくことが重要であると考えた。

第6次改訂の特徴としては，自ら学び自ら考える力などの生きる力の提唱，完全週五日制が導入されたこと，授業時数の縮減と教育内容の厳選を行い，教育内容を3割削減したこと，各学校が創意工夫をして特色ある教育活動を展開する「総合的な学習の時間」が新設されたことなどが挙げられる。

同学習指導要領が告示された後，「分数のできない大学生」といった批判や国際学力調査での日本の順位の低落などを受け，ゆとり教育と学力低下が結びつけられ，メディアで大きく取り上げられることになった。こうした批判に応えて，文部科学省では，「確かな学力の向上のための2002アピール「学びのすすめ」」を発表し，2003［H15］年には，「確かな学力」を重視した学習指導要領の一部改訂を実施した。

③ 2008 ～ 09［H20 ～ 21］年の学習指導要領の第7次改訂

第7次の改訂では，変化の激しい知識基盤社会に対応するために，自ら学び自ら考えるなどの生きる力を育成する重要性が再確認されるとともに，教育基本法の改正及び学校教育法の一部改正を踏まえ，PISA型学力を視野に「教育の国際化」が進められた。

第7次改訂では，知識基盤社会を生きる力の育成がめざされることになった。すなわち，知識基盤社会は，あらゆる領域や分野で知識が重要な価値をもち，めまぐるしく移り変わる中で，そうした変化に耐えうる幅広い知識，柔軟で高度な思考力や判断力が求められる。このような変化の激しい知識基盤社会の中で求められる今日的な資質・能力として，生きる力の重要性が再確認され，学校教育の目標として再び位置づけられたのである。こうした「生きる力」は，OECDのキー・コンピテンシーの考え方を先取りしたものであるという認識が示されている。

　また，第7次改訂は，60年ぶりに改正された教育基本法（2006［H18］年12月），及び，それに伴う学校教育法の一部改正（2007［H19］年6月）を踏まえて行われている。教育基本法の第2条には5つの教育の目標が掲げられるとともに，学校教育法では，義務教育の目標が新たに規定されることになった（第5章を参照）。また，学力の構成要素として，①基礎的・基本的な知識・技能，②知識・技能を活用して課題を解決するために必要な思考力・判断力・表現力等，③学習意欲の3つが明確に示されたのである。

　これらを踏まえ，第7次改訂では，基本的な考え方として，基礎的・基本的な知識・技能の習得，思考力・判断力・表現力等の育成，確かな学力を確立するために必要な授業時数の確保，学習意欲の向上や学習習慣の確立，豊かな心や健やかな体の育成のための指導の充実などが挙げられている。また，教育内容に関する主な改善事項として，言語活動，理数教育，伝統や文化に関する教育，道徳教育，体験活動の充実，及び，小学校段階における外国語活動の新設が挙げられる。社会の変化への対応の観点から教科等を横断して改善すべき事項として，情報教育，環境教育，ものづくり，キャリア教育，食育，安全教育，人身の成長発達についての正しい理解，の7つの項目が挙げられている。

④ 2017〜18［H29〜30］年の学習指導要領の第8次改訂

　第8次改訂では，「社会に開かれた教育課程」を掲げ，育成すべき資質・能力の3つの柱が設定されており，その育成に向けて，主体的・対話的で深い

学びとしてのアクティブ・ラーニングの視点からの授業改善及びカリキュラムマネジメントを通した不断の見直しを進めていくことが提言されている。

　第8次改訂の特徴として，小学校では，今回の学習指導要領の改訂によって，中学年から「外国語活動」を導入し，高学年からは外国語が教科として位置づけられたこと，2015［H27］年3月に学習指導要領等の一部改正を行い，「特別の教科　道徳」が設定されたことが挙げられる。高等学校については，探究する能力を育むことを明確にするために，総合的な学習の時間が「総合的な探究の時間」へと名称変更されたこと，また，教科・科目構成については，今回の学習指導要領の改訂によって，大幅な見直しが行われたことが挙げられる。大きな変更点は，共通必修科目として，地理歴史科には，地理総合と歴史総合が，公民科には公共が新設され，選択科目として，理数探究が新設されたことが挙げられる（新学習指導要領の詳細は第7章を参照）。

2. 指導要録の歴史的展開

　学習指導要領が改訂されると，新しい教育課程の基準を進めていくための評価のあり方が検討され，指導要録が改訂されることになる。ここでは，指導要録改訂の変遷をもとに，教育評価論の歴史的な展開を概観したい[2]。

　指導要録とは，学校に保管することが定められている児童生徒の学籍の記録で，学校教育法施行規則第24条で規定されている。1948年版以来，指導要録は学習指導要領とともに改訂されるが，大きくは4つの時期に分けられる。

　第一期は，戦後初めての1948年版で，当時は「小学校学籍簿」の呼称であったが，1949年に「児童指導要録」と改称された。主観的に「絶対評価」が行われていた「考査」という戦前の学籍簿に対する反省のうえに，「指導のための原簿」という性格が打ち出された。

　第二期は，1955年版から1971年版に至る時期で，高度経済成長の政策がとられ学歴社会化が進展した。「相対評価」に基づいて外部に対する内申書とし

第一期　1948 年版指導要録
　　　　戦前の「考査」への反省と「指導機能」重視
第二期　1955 年版指導要録，1961 年版指導要録，1971 年版指導要録
　　　　「相対評価」の強化と矛盾の激化
第三期　1980 年版指導要録，1991 年版指導要録
　　　　矛盾の「解消」としての「観点別学習状況」の登場
第四期　2001 年版指導要録，2010 年版指導要録
　　　　「目標に準拠した評価」の全面採用，「目標に準拠した評価」と
　　　　「個人内評価」の結合

ての「証明機能」が強調されるようになったが，集団的な位置づけを示す「相対評価」が教育的に問題であるとする批判が顕在化するようになる。

　第三期は，1980 年版から 1991 年版の指導要録で，この時期になると「相対主義」の問題が自覚されるようになった。そのため，「観点別学習状況」欄に「絶対評価」が導入されたが，「評定」欄では「相対評価」が適用されていたため二重構造をもつものであった。

　第四期は，2001 年版から 2010 年版の指導要録に至る時期で，「相対評価」を否定して「目標に準拠した評価」へと全面的に転換されることになった。目標の実現状況を把握する評価への展開は画期的なことであったが，主観的な「絶対評価」としての誤解を取り除き，「目標に準拠した評価」の本来の意味を定着させるという課題がある。ルーブリックを活用して評価の「規準」から「基準」に具体化していくことや，教師間で評価の基準が意味するレベルについての合意形成を図っていくモデレーションを実施していくことなど，評価の客観性を確立することが直近の課題となっている。

　以上のように，学習指導要領の改訂に伴い，評価のあり方も大きく変化してきた。指導要録の変遷をもとに評価観の移り変わりをみてみると，主観的な「絶対評価」→「相対評価」→「目標に準拠した評価」へと展開しており，現

在では，目標に準拠した評価をその意図するようにいかに実現していくのかが大きな課題となっているといえる。

おわりに

学習指導要領は経験主義と系統主義の間を振り子のように振れてきたが，資質・能力目標については，1989 年の改訂で「新しい学力観」が提唱されたことに始まる。1998 年の改訂ではさらに，「生きる力」といった用語が使用されるようになった。このような基本的な考えのもとに，新学習指導要領では，さらに生きる力の構造を明らかにして，資質・能力の本格的な育成がめざされるようになっているのである。また，学習指導要領の改訂とともに，指導要録も改訂されている。時代とともに，教育課程のあり方が変化する中で，評価のあり方も主観的な「絶対評価」→「相対評価」→「目標に準拠した評価」へと大きく展開してきている。

演 習

・学習指導要領の歴史的変遷を簡潔にまとめ，学習指導要領ではどのようなことが課題になってきたのかを考えよう。
・指導要録の変遷と評価観の展開を整理してみよう。

注
(1) 中央教育審議会答申「21 世紀を展望した我が国の教育の在り方について（第一次答申）」1996 年 7 月 19 日。
(2) 田中耕治『教育評価』岩波書店，2008 年，202-222 頁。

第 6 章 学習指導要領の変遷と資質・能力目標の展開 73

第7章
学習指導要領改訂のポイント

本章のポイント

- 変化が激しく予測のつかない社会を見据えて，新学習指導要領では，「社会に開かれた教育課程」の実現がめざされている。
- 新しい時代に必要な未来の創り手としての資質・能力を育むために，アクティブ・ラーニングの視点からの授業改善が求められている。
- 資質・能力を育むためにも，各学校における「カリキュラム・マネジメント」による不断の見直しが重要であるとされている。

　「初等中等教育における教育課程の基準等の在り方について（諮問）」（2014年11月20日）を受け，中央教育審議会の教育課程企画特別部会において，学習指導要領の改訂作業が進められてきた。14回の会議の後，「教育課程企画特別部会　論点整理（以下，論点整理）」（2015年8月26日）がまとめられ，2015［平成27］年秋以降，論点整理に基づき総則等や各学校段階別の専門部会，各教科等の検討グループ等の議論が進められ，「新学習指導要領に向けた審議のまとめ（以下，審議のまとめ）」（2016年8月26日）が出された。パブリックコメントを経て，中央教育審議会で「幼稚園，小学校，中学校，高等学校及び特別支援学校の学習指導要領等の改善及び必要な方策等について（答申）」（以下，答申）（2016年12月21日）が取りまとめられた。

　本章では，「答申」を中心に，資質・能力の育成をめざした新学習指導要領の基本的な考え方を概観したい。

1. 新学習指導要領の方向性と枠組み

(1)「社会に開かれた教育課程」の理念

　新学習指導要領は,「社会に開かれた教育課程」の理念を踏まえ,教育課程全体や各教科等の学びを通じて「何ができるようになるか」といった観点から,変化の激しい社会を生き抜く,未来の創り手となるために求められる資質・能力を育むことがめざされている。

　ここで,「社会に開かれた教育課程」とは,①よりよい社会づくりをめざすという目標を社会と学校とが共有すること,②子供たちが社会に向き合い関わること,③社会と連携・協働することという3つの意味で捉えられている。別の言い方をすると,①目標が社会に開かれている,②子供の学びが社会に

図7-1　学習指導要領の方向性

（出典）文部科学省「答申」補足資料,2016年,6頁。

開かれている，③学びの支援体制が社会に開かれているということである。

　未来を拓く資質・能力を育むためにも，学校を地域や社会に開き，多様な人々と連携・協働しながら，実生活や実社会とつながる教育課程にしていく必要が提言されている。

(2) 学習指導要領の枠組みの見直し

　今回の改訂では，学習指導要領の枠組みが大きく見直されている。「社会に開かれた教育課程」の理念のもと，「学校教育を通じて育む「生きる力」とは何かを具体化した資質・能力を育んでいくこと，社会とのつながりや各学校の特色づくりの軸となっていくこと，子供たちの豊かな学びを実現していくことなどの役割が期待されている」としている。

　そのため新学習指導要領は，次のような軸に沿って改善すべき事項をまとめる構成となっている。[(1)]

> ①「何ができるようになるか」（育成を目指す資質・能力）
> ②「何を学ぶか」（教科等を学ぶ意義と，教科等間・学校段階間のつながりを踏まえた教育課程の編成）
> ③「どのように学ぶか」（各教科等の指導計画の作成と実施，学習・指導の改善・充実）
> ④「子供一人ひとりの発達をどのように支援するか」（子供の発達を踏まえた指導）
> ⑤「何が身に付いたか」（学習評価の充実）
> ⑥「実施するために何が必要か」（学習指導要領等の理念を実現するために必要な方策）

　新学習指導要領では，カリキュラム・マネジメントの考え方をベースに，①「何ができるようになるか」の視点から，②「何を学ぶか」，そして，③「どのように学ぶか」を構想し，④個のニーズに応じた支援も進め，⑤「何が身

に付いたのか」をモニターしつつ，⑥ 条件整備を整えながら，学校教育の改善・充実の好循環を生み出してくことをめざしている。

このように，学習指導要領の枠組みを大きく見直し，資質・能力を育成する全体像をわかりやすく示すことで，「学びの地図」として，教育関係者，家庭，地域，社会で幅広く活用されることが期待されている。

2. 各学校におけるカリキュラム・マネジメントの実施

カリキュラム・マネジメントの実施に資するために，改善すべき事項が以下のように提言されている。

(1) 何ができるようになるか（育成を目指す資質・能力）

何ができるようになるかについては，育成すべき資質・能力の3つの柱が設定されている。

資質・能力の3つの柱は，学校教育を通じて育む「生きる力」の要素を資質・能力の視点から整理したものといえる。それらは，1章で詳しく検討したように，① 何を理解しているか，何ができるか，② 理解していること・できることをどう使うか，③ どのように社会・世界と関わり，よりよい人生を送るかというものである。別のいい方をすれば，① 生きて働く「知識・技能」の習得，② 未知の状況にも対応できる「思考力・判断力・表現力等」の育成，③ 学びを人生に生かそうとする「学びに向かう力・人間性等」となっている。

この資質・能力の3つの柱は，教科等や課題の分野を越えて共通するもので，教科等と教育課程全体を関連づけ，「新しい教育課程を支える重要な骨組み」を提供するものとなっている。

第7章　学習指導要領改訂のポイント　　77

(2) 何を学ぶか（教科等を学ぶ意義と教科等間・学校段階間のつながりを踏まえた教育課程の編成）

新学習指導要領においては，資質・能力の３つの柱を骨組みとして，教科等と教育課程全体のつながり，教育課程と資質・能力の関係を明らかにし，構造的な見直しが行われている。

そこでは，①学習指導要領を構成する各教科等をなぜ学ぶのか，それを通じてどういった力が身につくのかといった，教科等の本質的な意義に立ち返って検討すること，②各教科等で育成される資質・能力観の関係づけや内容の体系化を図り，教育課程の全体構造と各教科等を往還的に整理すること，さらに，③義務教育や高等学校教育を終える段階で身につけておくべき力を踏まえ，各学校・学年段階で学ぶべき内容を見直す等，発達に応じた学校や学年段階間の縦のつながりと，各教科等の横のつながりを行き来しながら，学習指導要領の全体像を構築していくこと等が課題となっている。

各学校においては，学校教育目標や学校として育成を目指す資質・能力をめざして，各教科等を学ぶ意義と教科等間・学校段階間のつながりを踏まえた教育課程を編成することが求められている。教育課程の編成に資するため，学習指導要領では，知識の内容を系統的に示すのみならず，育成すべき資質・能力の３つの柱や各教科等の学習過程の在り方を構造的に示すとされている。

(3) どのように学ぶか（各教科等の指導計画の作成と実施，学習・指導の改善・充実）

どのように学ぶかの鍵となるのが，アクティブ・ラーニングの視点，別の言い方をすれば，「主体的・対話的で深い学び」をいかに実現するのかの学習・指導改善の視点である。

新しい時代に必要となる資質・能力の育成にあたっては，課題の発見と解決に向けて主体的・協働的で深い学びであるアクティブ・ラーニングの視点からの授業改善が求められている。

資質・能力を育むには，「主体的に学ぶことの意味と自分の人生や社会の在

り方を結び付けたり，多様な人々との対話を通じて考え方を広げたり」，「身に付けた資質・能力が様々な課題の対応に生かせることを実感できるような，学びの深まり」を実現することが求められている。

こうした「主体的・対話的で深い学び」の実現は，学習・指導方法の特定の型を普及させるのではなく，「人間の生涯にわたって続く「学び」という営みの本質を捉えながら，教員が教えることにしっかりと関わり，子供たちに求められる資質・能力を育むために必要な学びの在り方を絶え間なく考え，授業の工夫・改善を重ねていくことである」とされる。

「主体的・対話的で深い学び」の具体的な内容は，以下の通りである。[2]

> 【主体的な学び】
> 学ぶことに興味や関心を持ち，自己のキャリア形成の方向性と関連付けながら，見通しを持って粘り強く取り組み，自己の学習活動を振り返って次につなげる「主体的な学び」
> 【対話的な学び】
> 子供同士の協働，教職員や地域の人との対話，先哲の考え方を手掛かりに考えること等を通じ，自己の考えを広げ深める「対話的な学び」
> 【深い学び】
> 習得・活用・探究という学びの過程の中で，各教科等の特質に応じた「見方・考え方」を働かせながら，知識を相互に関連付けてより深く理解したり，情報を精査して考えを形成したり，問題を見いだして解決策を考えたり，思いや考えを基に創造したりすることに向かう「深い学び」

(4) 子供一人ひとりの発達をどのように支援するか（子供の発達を踏まえた指導）

資質・能力の育成に当たっては，興味や関心，発達や学習課題等を踏まえ，個に応じた学びを進めていくことが重要である。その点で，進路指導，生徒指導，学習指導等についての充実を図っていくことが必要であるとしている。

第7章　学習指導要領改訂のポイント　　79

また，子供の発達課題や教育的ニーズにきめ細かに対応するということで，特別支援教育，日本語の能力に応じた支援等についても，充実を図っていくことが求められるとされている。

　発達の支援には，ガイダンス（子供たちの発達を支えるために，適切な時期・場面における主に集団場面での指導・援助）とカウンセリング（個々の児童生徒が抱える課題に対する個別指導による指導・援助）の視点が必要である。また，「チーム学校」の視点から，発達支援の視点を学校で共有するとともに，心理，福祉，特別支援等の専門スタッフや補習支援等のサポートスタッフの参画を得て，進めていくことが重要になる。

(5) 何が身についたか（学習評価の充実）

　学習評価では，学びの成果として「どのような力が身についているのか」を的確に捉え，教員が指導の改善に生かすとともに，子供が自らの学びを振り返って次の学びに向かうことができるようにすることが必要であるとしている。

　今回の改訂では，すべての教科等における教育目標や内容が，資質・能力の3つの柱の点から再整理されており，「目標に準拠した評価」の実質化がめざされている。そのため，評価の観点については，従来の評価の4観点や学力の3要素を踏まえつつ，「知識・技能」「思考・判断・表現」「主体的に学習に取り組む態度」の3つの観点に再整理されている。

　なお，「主体的に学習に取り組む態度」の評価にあたっては，子供たちが学びの見通しをもって，粘り強く取り組み，自らの学習活動を振り返って次につなげるという，主体的な学びの過程の実現に向かっているかどうかの観点から捉えることとしている。なお，感性や思いやり等については観点別学習状況の評価の対象外とすべきであるとしている。

　また，学習評価では，指導と評価の一体化を図る中で，ペーパーテストの結果にとどまらず，論述，レポートの作成，発表，グループでの話し合い，作品の制作等といった多様な活動に取り組み，パフォーマンス評価を取り入れて多

面的に評価を行っていくことが推奨されている。形成的な評価を重視し，たとえば，日々の記録やポートフォリオ等を通して，子供たちが自らの学習状況を把握できるようにしていくことも考えられるとしている。

(6) 実施するために何が必要か（学習指導要領等の理念を実現するために必要な方策）

「社会に開かれた教育課程」を実現するために，学校教育に関わる諸改革と連携することや，人材や予算，時間，情報，施設・設備といった条件整備などを検討することが必要である。

中央教育審議会では，教員の資質・能力の向上，「チームとしての学校」の実現，地域と学校の連携・協働に向けた3つの答申が出され，それを受けて「次世代の学校・地域」創成プランが策定されており，それらとの連携が求められるとしている。

学習指導要領等の実施に関する必要な諸条件の整備については，教員の資質・能力の向上，指導体制の整備・充実，業務の適正化，教材や教育環境の整備・充実，家庭・地域との連携・協働，高大接続改革等の継続，新しい教育課程がめざす理念の共有と広報活動の充実のような項目が取り上げられている。

3. 各学校段階，各教科等における改訂の具体的な方向性

各学校段階，各教科等における改訂の具体的な方向性については，外国語教育の改善及び高校の教科の再構成を取り上げたい。外国語については，グローバル社会において不可欠な英語の能力を強化するため，小学校高学年で系統的な指導を行う教科として（年間70単位時間程度），中学年では外国語に慣れ親しみ動機づけを高める外国語活動として（年間35単位時間程度）実施される。

高校については，国家・社会の責任ある形成者，自立した人間として生きる力を育成するため，影響し合う日本と世界の歴史について近現代を中心に学ぶ科目「歴史総合」，持続可能な社会づくりに必要な地理的な見方や考え方を育

む教科「地理総合」，主体的な社会参画に必要な力を人間としての在り方・生き方と関わらせながら実践的に育む科目「公共」が新設された。また，生徒の興味や進路に応じて，理数横断的なテーマに徹底的に向き合い考え抜く力を育成するため，数学と理科の知識や技能を総合的に活用して主体的な探究活動を行う選択科目「理数探究」が新たに設けられた。

　今後の予定は，告示を経て，幼稚園は周知の後に 2018 年度から，小・中・高等学校は，周知，教科書の作成・検定・採択等の後，小学校は 2020 年度から，中学校は 2021 年度から全面実施，高校は 2022 年度から年次進行により実施の予定となっている。

学習指導要領改訂のポイント

① 「社会に開かれた教育課程」を通して，未来の創り手となる資質・能力の育成をめざすことが中心的な課題となっている。

② 各学校が，「何ができるか」の視点から，「何を学ぶか」及び「いかに学ぶか」等を検討して特色ある教育課程をデザインし実施するとともに，不断の見直しを行うことが求められている。

③ 資質・能力の 3 つの柱には，1) 生きて働く「知識・技能」の習得，2) 未知の状況にも対応できる「思考力・判断力・表現力等」の育成，3) 学びを人生に生かそうとする「学びに向かう力・人間性等」の涵養がある。

④ 資質・能力を育成するにあたって鍵となる 2 つの概念として，カリキュラム・マネジメントと主体的・対話的で深い学び（アクティブ・ラーニング）が挙げられている。

⑤ 各学校は，学習指導要領を手がかりに，学校教育目標を実現するための教育課程を編成し，どのようにそれを実施・評価し改善していくのかというカリキュラム・マネジメントの確立が求められている。

⑥ 資質・能力の育成を可能にするために，主体的・対話的で深い学び（アクティブ・ラーニング）の視点からの不断の授業改善が求められている。

おわりに

本章では，新学習指導要領の方向性として，これからの社会で求められる資質・能力の育成をめざし，社会に開かれた教育課程をデザインし，マネジメントを通した不断の改善をしていくことが提言されている。

新しい教育課程には，「学びの地図」として活用される新たな役割が期待されている。これからの学習指導要領等は，どのように社会や人生をよりよくしていくかに向けて，学校教育を通じて子供たちが身につけるべき資質・能力や学ぶべき内容，学び方の見通しを示すことで，教育関係者，子供，家庭や地域，社会の関係者に幅広く活用されるものにしていくことが期待されている。

なお，文部科学省は，情報発信に力を入れている。「答申」や「学習指導要領」などのキーワードで検索すると，該当する文書や関連資料がPDFでダウンロードできる。また，「学習指導要領改訂　解説動画」で検索すると，「学習指導要領新改訂に向けた論点解説」など，文部科学省によるオフィシャルな説明をみることができる。

演　習

　社会の変化に伴い，コンピテンシーに基づく教育改革が世界的な潮流となっている。日本においてもこうした資質・能力の育成が中心的な課題となっており，学習指導要領の改訂が進められている。新学習指導要領のポイントを，パワーポイントのスライド1枚にまとめてみよう。

注

(1)　文部科学省「幼稚園，小学校，中学校，高等学校及び特別支援学校の学習指導要領等の改善及び必要な方策等について（答申）」，2016年12月21日，21頁。

(2)　同上資料，49-50頁。

第8章

カリキュラム・マネジメントの
意義と考え方

本章のポイント

● カリキュラム・マネジメントとは，資質・能力目標を設定し，その実現に向けて，学びの経験（カリキュラムと条件整備）をデザインし，PDCA (Plan-Do-Check-Action) のサイクルを動かすことを通じて，評価・改善を繰り返す営みをいう。
● 育みたい資質・能力像を思い描き，その実現に向けた学びをデザインし，不断に見直して，改善をしていくことが重要である。

　カリキュラム・マネジメントとは，学びを中心に，学校づくり，学級づくり，授業づくりを行い，PDCAサイクルを回して，改善を繰り返すプロセスのことをいう。その目的は，教育目標として設定した子供像を学びを通して実現することにある。未来を切り拓く資質・能力を育んでいくためにも，地域，学校，生徒の実態やニーズを捉え，学びの経験（カリキュラムと条件整備）をデザインして，不断に見直すカリキュラム・マネジメントの確立が求められている。

　では，教育目標としての資質・能力像の育成に向けて，どのようにカリキュラムをデザインし，評価・改善のサイクルを進めていけばよいのだろうか。本章では，新しい教育課程における中心的な課題であるカリキュラム・マネジメントの意義と考え方について考えたい。

1. 新学習指導要領とカリキュラム・マネジメント

(1) カリキュラム・マネジメントとは

　カリキュラム・マネジメントは，1990年代後半から使用されるようになった言葉である[(1)]。学校における教育目標を実現するために，必要な教育活動（カリキュラム）と条件整備活動（マネジメント）とを対応させることで構想された概念である。車に例えると，エンジンがカリキュラムで，車輪がマネジメントと考えると，エンジンと車輪とは長い間別々に扱われてきた。しかし，車を動かすためには，エンジンとしてのカリキュラムと車輪としてのマネジメントを関連づけていくことが必要になってくる。そこで，カリキュラム（エンジン）とマネジメント（車輪）をつなぐという発想から生まれたのが，カリキュラム・マネジメントである。

　この概念は，1990年代の終わりに，教育課程基準の大綱化が推進され，「総合的な学習の時間」が導入される中で注目を集めるようになり，2003年の中央教育審議会の答申以降，カリキュラム・マネジメントの推進が学校改革の主要な課題のひとつとされてきた。

(2) 新しい教育課程とカリキュラム・マネジメント

　カリキュラム・マネジメントの重要性はこれまでも指摘されてきたが，新学習指導要領では，資質・能力の育成がめざされる中で，カリキュラム・マネジメントを通した教育課程の不断の見直しが中心的な課題となったといえる。

　すなわち，資質・能力を育成するには，各教科等の内容をばらばらに身につけるだけでは十分ではなく，教育活動全体を通した取り組みが必要になってくる。各教科等の学習とともに，教科横断的な視点から，教科間のつながりや横断を図る手立てや体制を考え，教育課程全体と各教科等の内容を往還させていくことが不可欠になっている。また，管理職のみならずすべての教職員が参加し，家庭・地域とも連携・協働しながら，学校全体でカリキュラム・マネジメ

第8章　カリキュラム・マネジメントの意義と考え方　　85

ントを推進していくことが求められる。

カリキュラム・マネジメントの3つの側面としては，「① 各教科等の教育内容を相互の関係で捉え，学校教育目標を踏まえた教科等横断的な視点で，その目標の達成に必要な教育の内容を組織的に配列していくこと，② 教育内容の質の向上に向けて，子供たちの姿や地域の現状等に関する調査や各種データ等に基づき，教育課程を編成し，実施し，評価して改善を図る一連のPDCAサイクルを確立すること，③ 教育内容と，教育活動に必要な人的・物的資源等を，地域等の外部の資源も含めて活用しながら効果的に組み合わせること」が取り上げられている。[2]

2. カリキュラム・マネジメントの考え方

(1) カリキュラム・マネジメントの枠組み

学校レベルにおける教育課程の編成と実施は，中留・曽我 (2015) によれば，図8-1に示したようなカリキュラム・マネジメントの枠組みのように捉えることができる。[3] カリキュラムのデザインに関しては，教育目標を系列的に示すと，学校教育目標→教育課程の基本方針→教科等の年間計画→単元計画→授業ということになる。内容のつながりを焦点にしながら，それぞれのレベルで，資質・能力目標を具体化して，それを実現するための子供の学びの経験をデザインしていくことになる。

また，条件整備のマネジメントは，4M (Men ＝ 人，Materials ＝ もの，情報，教材，施設・設備，Money ＝ 金，予算，Management ＝ 組織と運営，校務分掌，諸種の会議運営) から構成される。人・もの・情報のつながりを焦点としながら，管理職やミドルリーダーのリーダーシップのもとで，組織体制を組織し，学びの共同体としての組織文化を醸成していくことが重要になってくる。

さらに，学校教育目標の実現に向けて，教育活動と条件整備のつながりを焦点としながら，PDCAのサイクルを動かしていくことが課題となる。

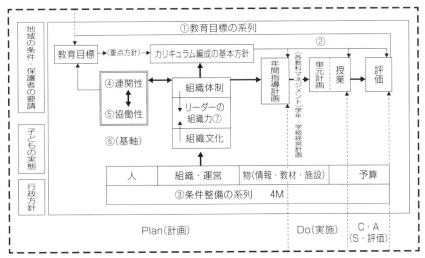

図 8-1 カリキュラム・マネジメントのグランドデザイン

(出典) 中留武昭・曽我悦子『カリキュラムマネジメントの新たな挑戦―総合的な学習における連関性と協働性に焦点をあてて』教育開発研究所，2015年，68頁。

(2) カリキュラム・マネジメントのポイント

　カリキュラム・マネジメントには，3つの「つなぐ」課題がある。[4] ひとつめは，車の例のように，「学びと経営をつなぐ」ことである。生徒の学びをデザインするカリキュラムレベルのマネジメントと，そのための条件整備をする組織レベルのマネジメントをつないでいくことが求められる。

　2つめは，「内容をつなぐ」ことである。育みたい資質・能力像をめざして，教科，領域等の内容をつなぎ連携させながら，生徒の学びの経験を効果的にデザインしていくことが課題になる。

　3つめは，「人をつなぐ」ことである。生徒の学びを豊かにするために，学校内外の人と人とをつなぎ，教職員の間にも学びの文化を創造して，いかに組織的に取り組んでいくのかが課題になる。

　なお，カリキュラム・マネジメントというと学校レベルで論じられがちであるが，資質・能力像に向けて，PDCA を回して学びをつくり改善していくサ

第8章　カリキュラム・マネジメントの意義と考え方　　87

イクルが必要なのは学校レベルに限らない。学びがあるところにはカリキュラム・ネジメントが必要になる。各教科，学年，学級，1時間1時間の授業など，さまざまなレベルで進めていくことが大切だと考えられる。

(3) カリキュラム・マネジメントの枠組み

　カリキュラム・マネジメントの枠組みについては，以下のようなプロセスを提案したい。

---

　① 育みたい資質・能力目標を明確に設定する。
　② 資質・能力の育成をめざして，児童生徒の学びをデザインする。
　　1) カリキュラムをデザインする。
　　2) 学びの条件整備をデザインする。
　③ データに基づいて，PDCA のサイクルを回し，評価・改善をする。

　第一に，どのような資質・能力を育てたいのか，児童生徒の資質・能力像を設定する段階である。資質・能力目標を設定して，何をめざして学びの経験をデザインするのかを明確にする。育てたい具体的な生徒のイメージをもつことが大切である。

　第二に，設定した資質・能力像をめざして，児童生徒の学びの経験をデザインする段階である。これには，以下の2つのレベルがある。

　ひとつめは，カリキュラムをデザインするという，学習に直接的に関わる狭義の学びに関するものである。図8-2 の中央にあるように，資質・能力，学習活動，教科等の内容をつないで，生徒の学びの経験を構想することが重要になってくる。

　2つめは，学びの条件整備をデザインするという，児童生徒の学習に間接的に関わる広義の学びに関するものである。図8-2 では中央の線から下の部分で，学びを広く捉え，学校の組織や文化，外部との連携・協働などを含めた，

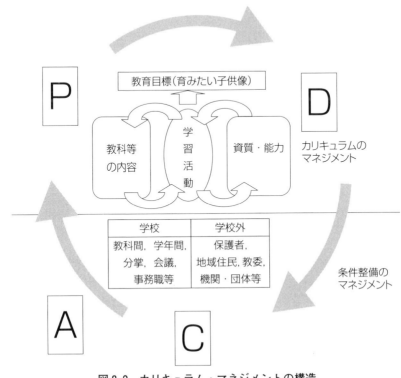

図 8-2　カリキュラム・マネジメントの構造

学びを支える条件整備も学びのデザインの一部として考える。

　第三に，計画した学びの経験（カリキュラムと条件整備）を実際に実施して，データに基づいて，PDCA のサイクルを回し，評価・改善を図っていく段階になる。事前にデータの収集や分析のプランを立て，エビデンスに基づいて実施し，評価・改善していくことが重要になる。

3. カリキュラム・マネジメントの4原則

　カリキュラム・マネジメントの枠組みにしたがって，実際に進めていくうえでポイントとなる4つの原則について提示したい。

(1) 原則1. 育みたい資質・能力像としての教育目標の設定と共通理解
　第一に，育みたい資質・能力像を明確に設定し，共通理解を図るということである。

　・育成のめざされる子供像が，教育目標として，簡潔で明快な形で描かれているか？
　・その目標は共通理解され，目標が目標として機能しているか？

　教育目標の明確な設定と共通理解は，学びの経験をデザインするうえで要となるものである。目標を基準にして教育の内容・方法・評価は構造的に設計され，その実施を支える条件整備が整えられる。すべては，目標の実現に向けて準備されるのである。したがって，めざすべき目標としての資質・能力像が不明確で，共通理解されていなければ，資質・能力を実現する学びの経験にはならない。なお，教育目標の設定にあたっては，資質・能力の3つの柱を踏まえ，地域，学校，児童生徒の実態，及び，図にあるような，学校で育成する資質・能力像の全体像の視点から検討することも重要である。

(2) 原則2. 先行研究・事例を踏まえた学びの経験の計画
　第二に，先行研究・事例に基づき，目標を実現するための学びを促すカリキュラムをデザインするということである。

　・教育目標を実現するための学びの経験はデザインされているか？

・学びの経験は，先行研究や先行事例を踏まえたものになっているか？

めざす子供像の実現には，それを可能にする具体的な計画を立案する必要がある。その際，思いつきや一過性の教育実践とならないように，先行研究・事例を基礎にして学びの経験をデザインしていく必要がある。意味ある学びの経験をつくるには，先行した研究や事例に位置づけ，それらとの関係において学びの深まりや広がりを描くことで，新たな知見を生み出すことができるのである。したがって，資質・能力を育成する教育を推進していくには，目標の実現をめざし，先行研究・事例を踏まえた学びの経験をデザインしていくことが期待される。

(3) 原則 3. 学びの経験を支える条件整備と組織的な取り組み

第三に，学びの経験の条件整備を図り，組織的に取り組んでいくということである。

・学びの経験を支える条件整備は整えられているか？

・学びの文化が醸成され，学校内外の人をつないで組織的に取り組んでいるか？

学びの経験を豊かにするためには，チームとしての学校といった視点から，学校，ボランティア，地域，大学，専門家，行政，NPO，企業など内外の人材をつないでいくことが求められる。

また，高い効果を創出する組織にしていくためには，学び合いの文化を醸成し，「専門的な学習共同体」をつくり上げていくことが重要である。したがって，効果的な学びのデザインを可能にしていくためには，学びの経験を豊かにする条件整備と組織的な取り組みが不可欠である。

第8章　カリキュラム・マネジメントの意義と考え方　91

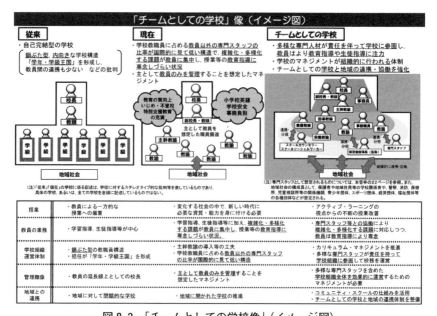

図 8-3 「チームとしての学校像」(イメージ図)
(出典) 文部科学省「チームとしての学校の在り方と 今後の改善方策について (答申)」平成 27 年 12 月 21 日, 14 頁.

(4) 原則 4. エビデンスに基づく評価と改善

第四に、実施した学びの効果をエビデンスに基づいて評価し、学びを改善するということである。

> ・エビデンスを基に、子供の学びの経験は評価されているか？
> ・評価は、学びの改善に生かされているか？

育みたい資質・能力が学びの経験を通して、育成されたかどうかを知るには、エビデンスに基づいた評価が実施される必要がある。また、データをもとに計画と実際のズレを捉え、そこから新たな問いを立て、よりよい学びへと改善していく必要がある。それらを可能にするには、計画の段階で、データの収

集と分析の計画まで立てておき，PDCA サイクルを実施していくことが大切であろう。したがって，資質・能力を育む学びを進展させていくには，エビデンスに基づく評価システムを構築し，学びの改善を繰り返していくことが重要である。参考として，「学校評価ガイドライン〔平成 28 年改訂〕」では，各学校で策定する評価項目・指標等の例として以下のものを挙げている。[5]

- 学校の教育課程の編成・実施の考え方についての教職員間の共通理解の状況
- 児童生徒の学力・体力の状況を把握し，それを踏まえた取組の状況
- 児童生徒の学習について観点別学習状況の評価や評定などの状況
- 学校図書館の計画的利用や，読書活動の推進の取組状況
- 体験活動，学校行事などの管理・実施体制の状況
- 部活動など教育課程外の活動の管理
- 実施体制の状況・必要な教科等の指導体制の整備，授業時数の配当の状況
- 学習指導要領や各教育委員会が定める基準にのっとり，児童生徒の発達段階に即した指導の状況
- 教育課程の編成・実施の管理の状況（例：教育課程の実施に必要な，各教科ごと等の年間の指導計画や週案などが適切に作成されているかどうか）
- 児童生徒の実態を踏まえた，個別指導やグループ別指導，習熟度に応じた指導，補充的な学習や発展的な学習など，個に応じた指導の計画状況
- 幼小連携，小中連携，中高連携，高大連携など学校間の円滑な接続に関する工夫の状況
- （データ等）学力調査等の結果
- （データ等）運動・体力調査の結果
- （データ等）児童生徒の学習についての観点別学習状況の評価・評定の結果

第 8 章　カリキュラム・マネジメントの意義と考え方　　93

おわりに

　変化の激しい予想が困難な社会に対応して，コンピテンシーの育成が課題となる中で，特色あるカリキュラムをつくり，組織的に取り組み，PDCA のサイクルを動かしていくことが，これからますます重要になってくると思われる。

　そこでは，カリキュラム・マネジメントのプロセスで，① 到達すべき目標として，資質・能力像が明確に設定され，共有されているか，② 目標を達成するために，先行研究・事例を踏まえた学びの経験はデザインされているか，③ 学びの経験を支える条件整備は整えられ，組織的に取り組まれているか，④ 目標の達成状況は，エビデンスを基に評価され，学びの改善に生かされているか，といった観点からの教育実践の問い直しが求められているといえる。

　新学習指導要領において資質・能力の育成が中心的な課題となる中で，学校，学年，学級等のさまざまレベルで，4つの原則に立ち，アクティブ・ラーニングとしての学びの経験をデザインし，マネジメントを進める構想が今求められているのではないだろうか。

── 演 習 ──────────────────────────────

　次の状況を仮定して，育みたい子供像をイメージしてみよう。「あな
たは，○○（小・中・高校〔いずれかを選ぶ〕）学校の 1 年生を対象に○
○（教科を選ぶ）の教科を教えている。あなたの学校では，「意欲を持っ
て主体的に学習に取り組む子供」という育てたい子供像がある。

(1) その資質・能力が達成できた卒業の時の児童生徒像を具体的にイメ
　　ージしよう。「意欲を持って主体的に学習に取り組む子供」とは，○
　　○の教科において何がどこまでできるようになっているのか，具体的
　　な 2 つの場面を考え，子供の姿の形で具体的に書いてみよう。
(2) 卒業までに育てたい子供像をイメージして，1 学年末では，○○の
　　教科において何がどこまでできるようになっているのか，具体的な 2
　　つの場面を考え，子供の姿の形で具体的に書いてみよう。

──────────────────────────────────────

注
(1)　中留武昭・曽我悦子『カリキュラムマネジメントの新たな挑戦—総合的な学習にお
　　ける連関性と協動性に焦点をあてて』教育開発研究所，2015 年。
(2)　文部科学省「幼稚園，小学校，中学校，高等学校及び特別支援学校の学習指導要領
　　等の改善及び必要な方策等について（答申）」，2016 年 12 月 21 日，23-24 頁。
(3)　中留・曽我，前掲書，68 頁。
(4)　田村知子編著『実践・カリキュラムマネジメント』ぎょうせい，2011 年を参考にし
　　た。
(5)　文部科学省「学校評価ガイドライン〔平成 28 年改訂〕」，2016 年 3 月 22 日。

第9章

カリキュラム・マネジメントの進め方

本章のポイント

- ●資質・能力を育てるカリキュラムを逆向きにデザインしマネジメントする。
- ●パフォーマンスのレベルで資質・能力目標を設定し共通理解する。パフォーマンスを実現するための児童生徒の学び（カリキュラム・条件整備）をデザインする。パフォーマンスをもとにPDCAサイクルを回し，指導計画を改善する。

　新しい教育課程の始まりは，学校を大きく変えることのできる10年に1度のチャンスの時だともいえる。「何を知っているか」だけではなく知識を活用して「何ができるか」が問われる中で，地域，学校，生徒の実態やニーズに対応して，特色ある主体的な学びを構想していくことが学校にいっそう求められるようになった。すべての教師が，学校における学びのデザインとマネジメントに参画して，子供の学びの飛躍に向けて共創していくことが期待される。

　本章では，学校レベルのカリキュラムのデザインとマネジメントをいかに進めていけばよいかについて検討したい。

1. 資質・能力を育てるカリキュラムを逆向きにデザインする

　コンピテンシーを育成するために有効だと思われるカリキュラムデザインの

具体的な方法のひとつとして「逆向きデザイン」といった考え方がある。

　ウィギンズ（Wiggins, G.）とマクタイ（McTighe, J.）が提唱している逆向きデザインとは，3つのステップ，① 望まれる結果（目標）を特定する，② その結果として認められる証拠を決める，③ その証拠に導く学習経験を計画する，といった目標⇒評価⇒指導の順番でカリキュラムをデザインする手法である[(1)]。

　カリキュラムを考えるにあたって，まず，目標を考え，次に，それと一体化させた評価を検討する。すなわち，教育目標を設定し，それを実現した児童生徒の具体的な姿をイメージしながら，そのような姿が引き出せるようなパフォーマンス課題を設定し評価計画を練る。このように目標と評価を一体化させることで，パフォーマンスのレベルで，目標の達成状況を的確に示すことが可能になる。

　さらに，逆向きデザインでは，パフォーマンスとして達成すべき目標の視点から学習活動が構想される。期待されるパフォーマンスができるようになるためには，どのような活動をいかに配列すればよいのかの観点から学習活動の計画を進めていくことになる。評価にあたっては，パフォーマンスの達成状況の視点から指導と評価の一体化を進めるとともに，総括的な評価を行う。

　このような手順をとることで，育みたい資質・能力目標をパフォーマンスとして明確に設定し，その育成に向けた学習活動を設計することが可能になるのである。

2. パフォーマンスのレベルで資質・能力目標を設定し共通理解する

　学びのデザインとマネジメントを始める第一歩として，育みたい資質・能力を明確に設定して共通理解を図りたい。

(1) 資質・能力目標を設定する

　第一に，地域や学校において，めざされる資質・能力目標を明確に設定する

ことが必要であろう。

まず，社会に開かれた学習指導要領が求められる中で，地域レベルの資質・能力目標を設定することがこれから重視されるようになると思われる。

たとえば，カナダのアルバータ州では，地域で育てたい子供像を設定して，その育成に取り組んでいる。同州では，2030 年に求められるアルバータの市民像を，会議やインターネットを駆使してたくさんの市民が参加する熟議を通して練り上げている。「思考し続ける市民」「道徳的な市民」「企業家精神を持った市民」といった資質・能力像と「機会」「公平性」「市民性」「選択」「多様性」「卓越性」といったその育成の原理を市民の合意のもとに設定し，教育政策を進めている。日本においても，小中一貫教育などで，義務教育で育てる生徒像を地域で設定している試みもみられる。今後は，このような地域における資質・能力目標の設定が課題となっていくだろう。

また，各学校レベルでは，地域，学校，児童生徒の実態を踏まえて，資質・能力像を明確に設定する必要があるだろう。

各学校では，すでに設定されている学校教育目標や子供像を踏まえつつ，資質・能力の 3 つの柱の観点から見直し，学校で育成する資質・能力像を構想する必要があるだろう。その際，① 教科等の本質的な意義に立ち返って検討された「各教科等のものの見方や考え方」，② 言語能力や情報活用能力などのような「教科等を越えた全ての学習の基礎として育まれ活用される資質・能力」，③ 健康・安全・食に関する力，主権者として求められる力などのような「現代的に課題に対応して求められる資質・能力」についても配慮することが求められるだろう。このような過程を経て設定された資質・能力目標が，学校での学びをデザインする要となる。

(1) 各教科等のものの見方や考え方（省略）

(2) 教科等を越えた全ての学習の基礎として育まれ活用される資質・能力

- 言語能力（読解力や語彙力等を含む）……言語活動を通じて育成
- 情報活用能力……言語活動や，ICT を活用した学習活動等を通じて育成
- 問題発見・解決能力……問題解決的な学習を通じて育成
- 体験から学び実践する力……体験活動を通じて育成
- 多様な他者と協働する力……「対話的な学び」を通じて育成
- 学習を見通し振り返る力……見通し振り返る学習を通じて育成

(3) 現代的に課題に対応して求められる資質・能力
- 健康・安全・食に関する力
- 主権者として求められる力
- 新たな価値を生み出す豊かな創造性
- グローバル化の中で多様性を尊重するとともに，現在まで受け継がれてきた我が国固有の領土や歴史について理解し，伝統や文化を尊重しつつ，多様な他者と協働しながら目標に向かって挑戦する力
- 地域や社会における産業の役割を理解し地域創生等に生かす力
- 自然環境や資源の有限性の中でよりよい社会をつくる力
- 豊かなスポーツライフを実現する力

　地域あるいは学校レベルにおける資質・能力目標が設定されると，学年，学級，個人などの対象となる集団及び年間計画（教科・領域等）→単元計画→授業のたての系列に従って，それぞれのめざされる資質・能力像を具体化していくことになる。

(2) 目標をパフォーマンスのレベルで共通理解する

　第二に，資質・能力目標をパフォーマンスのレベルで共通理解することが必要である。地域レベルでは，先のアルバータ州の例では，市民の参加を保障し，広く周知しながら市民像を練り上げていくプロセスが重要になってくるだ

第9章　カリキュラム・マネジメントの進め方　　99

ろう。また，小中一貫教育の例でも，地域の人々の声を聞きつつ，小中の教職員がいっしょに合同で会議をしたり，研修したりして，育てたい子供像の共通理解をする取り組みが重要であろう。ポイントは，ある地域で義務教育が終わった時点でどのような子供に成長して欲しいのかを徹底的に議論することである。育てたい具体的な生徒の姿について熟議を重ねることで共通理解が深められるのである。

　学校レベルの取り組みとして，新潟市立白新中学校の事例をみてみたい。この中学校では，ファシリテーションという手法を活用し，だれもが本音で話し合える工夫のもとに，育みたい資質・能力像の追究，共有，見直しが徹底的に行われている。学校教育目標である「自主」と「協働」の往還を繰り返しながら，「自己実現」していく「知性の高い生徒」とは，具体的にどのような生徒の姿なのかについて，協同的「検討」がさまざまな場で進められている。職員研修，生徒間での話し合い，生徒，保護者，地域のメンバーによる「学校づくり委員会」の中での練り上げや修正といった活動を通して，お題目に陥りがちな生徒像を，実質的な教育目標として機能するように，共通理解が図られているのである。卒業するまでに育みたい具体的な生徒のイメージを共有することが重要である。

(3) 評価計画をあらかじめ立てておく

　資質・能力目標を設定する際には，その評価計画をあらかじめ考えておくことが必要である。たての系列に従い，学校の資質・能力目標を踏まえて，パフォーマンスレベルで達成がめざされる子供像とその評価を計画しておくことが求められる。

　地域や学校の熟議を踏まえながら，学年段階では，子供の具体的なパフォーマンスとして何がどこまでできるようになることが求められるのか，ある教科では，ある分掌ではどうなのかなど，担当の対象領域において資質・能力目標を具体化する。さらに，そうした目標が達成できたかどうかを，何の評価資料

を用いて，いかに評価するのかをあらかじめ決定しておくことが必要である。

3. パフォーマンスを実現するための児童生徒の学びをデザインする

(1) カリキュラムをデザインする

① コンテンツからコンピテンシーへ

　パフォーマンスレベルで資質・能力像が明確になると，各学校では，その育成に向けて教育課程の全体構造や教科等の相互の関係等を捉えながらカリキュラムを構想していくことになる。その際，カリキュラムを構想していくうえで重要なことは，コンテンツからコンピテンシーへと教育のあり方が転換されたことを踏まえることである。コンテンツをカバーすることを目的とするカリキュラムをつくるのではなく，コンピテンシーの視点からそういった資質・能力が効果的に育成できるようにカリキュラムをデザインすることが求められるのである。

② 年間指導計画を構想する

　資質・能力の育成にあたっては，教科をつなぎ，単元をつないで単元配列表を作成することが効果的である。これまでは，教科等ごとに年間指導計画が作成される傾向にあった。しかしながら，資質・能力の育成には，教科等をつなぎ，学校の教育課程全体として育んでいくことが求められる。そのために，図9-1 にあるような単元配列表を活用することにしたい。

　単元配列表の作成にあたっては，① 子供の実態・学習経験を配慮すること，② 単元の実施順序に配慮すること，③ 単元の実施時期に配慮することなどが求められる。一覧表を作成し，全体を俯瞰しながら，たとえば，総合的な学習（探究）の時間を中心に，内容のつながりや効果的な配列などを考慮しながら，年間計画を構想していくのである。アイデアを出し合ったり，話し合ったりする機会を十分にとり，教職員の参加の下に練り上げていくことが重要である。

　具体的な年間指導計画の作成については，表9-1 の手順が参考になる。

第9章　カリキュラム・マネジメントの進め方　　101

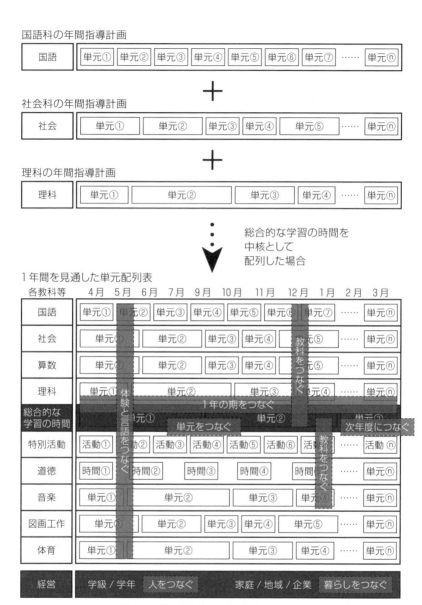

図 9-1　単元配列表を作成するイメージ

(出典) 田村学編著『カリキュラム・マネジメント入門』東洋館出版社, 2016年, 37頁。

表9-1 年間指導計画の作成の視点

①学年・教科・領域の各担当者は，カリキュラムの基本編成方針のなかの特にどの項（事項）と連関させて本年度は授業を進めていくのか，学習指導要領の内容とも連関させて我が校の我が学年・教科の実現可能な目標を策定し，年間指導計画に書き込む。

②複数の教科にまたがり，他の教科・領域との連関性の内容を明記することを通して，学習活動をより豊かにする。

③体験活動を教科，学年の特活，道徳，総合に取り入れる場合，それがどのような意味内容と連関しているのかを明記することにより，体験だけで這いまわることのないように工夫する。

④学習形態（規模＝全員・少人数・個別），指導体制，指導組織（習熟度別，ティーム・ティーチング，教科担任制＝小学校）などを明らかにして記入する。その際，教科間で共通する部分を拾い出して記述し，単元計画で共同体性が取れないか，検討の落ちを意図的に示唆しておく。

⑤単元構成のレベルでもつながるように，授業時数の配分，補充学習と発展学習の区分とつながり（連関性），さらに対象となるのは全体生徒なのか，一部の生徒なのかを組み込み，教科相互の実践が見えやすいように工夫を図る。

⑥総合を中心に，地域学習や生活科などにゲスト・ティーチャーやボランティアを導入する場合は，その計画まで含めて簡略に明記する。

⑦郊外での観察学習，体験学習，行事等で普通の授業を変更する必要がある場合，時間数の確保と教科との入れ替わりを明記する。

⑧本年度はどのような学習環境を工夫したら学習が効果的に行えるのかを議論して，教科・領域ごとに明記する。

（出典）中留武昭・曽我悦子『カリキュラムマネジメントの新たな挑戦　総合的な学習における連関性と協動性に焦点をあてて』教育開発研究所，2015年，130-131頁。

(2) 条件整備をデザインする

　資質・能力目標を実現するためには，学習活動の構想と並行して，条件整備をデザインしていくことが求められる。

　学びの経験を豊かにするためには，学習活動と条件整備をつないでいくことが重要である。資質・能力目標の視点から，カリキュラムを考え，そのためにどのような人・もの・予算・組織などが必要なのかを考えることが重要である。

　たとえば，理科の知識が生活に役立つことを理解させたい→総合的な学習の時間で水質汚濁の調査活動をしよう→近くの大学の研究室と連携しよう，というように，条件整備を考えていく際にも，めざす子供像の実現に向けて，逆向きにデザインしていくことが効果的である[(4)]。

　また，日頃の学びを支えるために，教師の学びの共同体を醸成し学びの文化を豊かにするとともに，組織的な取り組みを進めていくことが不可欠である。

外部連携のための5つの留意点	
日常的なかかわり	・協力的なシステムを構築するためには，日頃から外部人材などと適切にかかわろうとする姿勢をもつことが大切である。
担当者や組織の設置	・校務分掌上に地域連携部などを設置したり，外部と連携するための窓口となる担当者を置いたりする。 ・地域との連絡協議会などの組織を設置することも考えられる。
教育資源のリスト	・学校外の教育資源を活用するために総合的な学習の時間に協力可能な人材や施設などに関するリスト（人材，施設バンク）を作成する。
適切な打合せの実施	・外部人材に対して，適切な対応を心掛けるとともに，授業のねらいを明確にし，教師と連携先との役割分担を事前に確認するなど，十分な打合せをする必要がある。
学習成果の伝達	・学校公開日や学習発表会などの開催を通知したり，学校だよりの配布などをしたりして，保護者や地域の人々に総合的な学習の時間の成果を発表する場と機会を設ける。

図9-2　外部連携のための5つの留意点

（出典）文部科学省『今，求められる力を高める総合的な学習の時間の展開（中学校）』平成22年11月，66頁。

4. パフォーマンスをもとに PDCA サイクルを回し，指導計画を改善する

(1) 指導と評価の一体化を図る

　教育活動は，刻々と変化する子供の学習の姿から，計画と実際のズレを捉え，意思決定を積み重ねて，指導と評価を一体化させていく実践といえる。そのポイントは，学習活動の過程で，めざす子供の姿（目標）と現在の子供のパフォーマンス（その達成状況）とのズレを把握することにある。

　こうした学びの過程は，教師が指導計画に従って指導を行い（プランによる指導），そのもとで子供が学習活動を展開し，達成目標の実現状況を評価資料・情報を用い評価し（活動と成果の読み取り），その評価結果から自分の指導計画を続けるのか，改善するのかを判断して次の学習指導を行う（プランの継続／改善による指導）連続するサイクルとしてイメージすることができる。

　授業実践の過程においては，指導と評価の一体化の視点から意思決定を行い，C (Check) → A (Action) → P (Plan) → D (Do) → C → A → P →……のサイクルを短いスパンで繰り返し，計画を継続したり変更したり，あるいは，個別的な対応をとったり等の不断の指導や学習の改善が求められる。

(2) 指導計画を見直し改善する

　総括的評価については，パフォーマンスの結果をもとに計画と実際のズレを捉え，指導計画の改善に生かしていくことが重要である。その際，以下の評価項目[5]などを手がかりにしながら，目標が達成しなかった原因は何なのか，何をどう修正していけばよいのかなどを検討することが大切である。

> ① この時間を通してその実現をめざす「目標」
> ② 目標を実際の学習活動へと実践化するために，より具体的・分析的に示した「育てようとする資質や能力及び態度」

③ 「目標」の実現にふさわしいと各学校が判断した学習課題等からなる「内容」
④ 「内容」とのかかわりにおいて実際に児童生徒が行う「学習活動」
⑤ 「学習活動」を適切に実施する際に必要とされる「指導方法」

　こうした評価結果は，次の学習活動を改善していく際の基礎となるデータとなる。学習活動のまとまりにおいて，PDCA のサイクルを回しながら，不断の評価・改善を図っていくことが重要である。また，外部への説明責任を果たすにあたっては，テスト中心の評価結果だけではなく，多種多様な評価資料を計画的に収集したポートフォリオの評価結果を提示して，学力形成の状況をできるだけ正確に示すことが大切である。

おわりに

　資質・能力像の育成に向けて，どのようにカリキュラムのデザインとマネジメントを進めていけばよいのだろうか。資質・能力の形成には，全国一律に教科等の内容をカバーするような教師主導のやり方では対応ができない。育みたい資質・能力像の育成に焦点づけ，日常生活や実社会に近い真正な文脈のもとで，児童生徒にとって意味のあるリアルな課題に取り組む学びのデザインが必要となってくる。目の前の子供の実態や教育ニーズを踏まえ，学校で育みたい児童生徒像のパフォーマンスの具体化とそれに基づくカリキュラムのデザインとマネジメントが不可欠な時代となったといえる。

　こうした特色あるカリキュラムをもった学校づくりを進めていくためにも，地域，学校，児童生徒の実態やニーズを捉え，教育目標や内容に具体化し，学びの経験をデザインし，パフォーマンスを評価して，不断に見直しを図るといったカリキュラムのデザインとマネジメントの確立が今求められている。

演 習

　学びの経験（カリキュラムと条件整備）をデザインしてみよう。学校と学級で育てたい子供像を具体的にイメージして，そのような資質・能力像を実現するための学びの経験について，思いつくことを箇条書きにしてみよう。

(1) 学校レベルでできる学びの経験にはどのようなものがあるか。
(2) 自分の実践のレベルで（教科指導や生活指導）できる学びの経験にはどのようなものがあるか。

注

(1)　G.ウィギンズ・J.マクタイ（西岡加名恵訳）『理解をもたらすカリキュラム設計—「逆向き設計」の理論と方法』日本標準，2013 年（原著 2004 年）。

(2)　下村智子「アルバータ州における教育政策の転換への提言—『教育の新たな息吹：アルバータ市民との対話（Inspiring Education: A Dialogue with Albertans）』に着目して—」，『三重大学教養教育機構研究紀要』第 1 号，2016 年，29-36 頁。

(3)　(2)(3)はそれぞれ，文部科学省「幼稚園，小学校，中学校，高等学校及び特別支援学校の学習指導要領等の改善及び必要な方策等について（答申）」，2016 年 12 月 21 日，35 頁，41 頁。

(4)　田村学編著『カリキュラム・マネジメント入門』東洋館出版社，2016 年。

(5)　文部科学省『今，求められている力を高める総合的な学習の時間の展開（中学校編）』2012 年，168 頁。

第10章
単元指導計画のデザイン
―学習活動の構想

本章のポイント

- ●単元指導計画の作成は，① 対象学年・教科及び担当者の決定→② 単元名及び学習活動の構想→③「教師の願い」の記述→④「子どもの実態」の記述→⑤ 単元の目標の決定→⑥ パフォーマンス課題の構想→⑦ 単元の評価規準の決定→⑧ 学習活動・支援の構想→⑨ 評価計画の構想→⑩ ルーブリックの設定→の手順が考えられる。

- ●① 対象学年・教科及び担当者の決定
  異年齢学習集団の編成，合科的・関連的・横断的な内容の取り扱い，あるいは，ティームティーチング（TT）の工夫などの可能性も含めて，対象学年・教科及び担当者を決定する。

- ●② 単元名及び学習活動の構想
  子供の実態，学校や地域の特性，学習内容などを考慮しながら，「単元」名（全指導時数）を記述するとともに，問題解決学習の段階を踏まえて学習活動を構想する。

　単元の指導計画は，まずどこから手をつければよいのだろうか。子供の実態，学校や地域の特性，学習内容などを考慮しながら，子供たちに経験させたい学習活動を考えることから始めてはどうだろうか。ここでは，学習活動を構想するにあたり，デューイの反省的思考における段階（① 問題的場面→② 問題の形成→③ 仮説の形成→④ 行動による仮説の検証→⑤ 解決された場面）の考え方を手がかりとしたい。

108

本章では，教育の内容と学習活動，単元指導計画のフォーマット，問題解決学習の考え方を整理するとともに，単元指導計画の設定要領の，① 対象学年・教科及び担当者の決定，② 単元名及び学習活動の構想について，総合的な学習の時間の具体的な事例 (巻末資料 2) をもとにみていきたい。

1. 教育の内容と学習活動

(1) 教科書を教えるのか，教科書で教えるのか

　教科書を教えるのか，それとも，教科書で教えるのか。「を」と「で」の違いに過ぎないが，授業づくりを考えるときその意味する違いはきわめて大きい。

　前者は，教科書の中身を教えること自体が目的となる。教科書にある学習活動に従い授業が展開されることになる。一方，後者は，教科等の内容を身につけることが目的である。教科書はそのための主たる教材であって，子供の実態，学校や地域の状況によって，別の教材を使用したり，教師自身が教材を開発したりすることも考えられる。

　では，教科書を使って何を教えるのか。それは，各教科等の内容であり，端的にいえば，学習指導要領に示された各教科等の内容ということになる。

(2) 学習指導要領と内容系列表

　授業を通して習熟がめざされる各教科等の内容は，学習指導要領に示されている。学習指導要領には教科等の目標や内容が学年ごとに示されている場合が多いが，一部の教科や外国語活動では 2 年間をまとめて示している。

　一方，「総合的な学習の時間」については，各学校が内容を定めることになっているため，各学校ではこの時間に関する学習指導要領レベルの「内容系列表」を開発することになる。各学校では，学習指導要領の「総合的な学習の時間」の目標を踏まえて，① 各学校において定める目標，② 育てようとする資

質や能力及び態度とともに，③ 各学校における内容を定めていくことが期待されているのである。

　ここでは，四日市市立教育センターが作成した内容系列表（巻末の資料1）の事例をみてみたい。[(1)] 表の縦軸には，内容（スコープ）として，「横断的・総合的な課題（国際理解）」「同課題（環境）」「同課題（福祉・健康）」「児童生徒の興味・関心に基づく課題」「地域や学校の特色に応じた課題」の5領域がある。一方で，横軸には，小学校3，4年生，5，6年生，中学校1，2年生，3年生以上の系列（シークエンス）が設定されている。それらによってできたセルには，それぞれの学年段階に応じた目標とそれを達成するための内容が領域ごとに具体化されている。単元指導計画の作成にあたっては，このような総合的な学習の時間の内容系列表をもとに学習活動がデザインされることになるのである。

2. 単元指導計画の開発

(1) 作成フォーマット

　単元をデザインするにあたり，次に示す単元指導計画のフォーマットを用いることにする。

(2) 作成要領

　単元指導計画の作成要領を簡潔に示せば，以下のようになる。

① 対象学年・教科及び担当者の決定

　単元指導計画がどの学年のいずれの教科等でだれが担当するかを決める。

② 単元名及び学習活動の大枠の構想

　子供の実態，学校や地域の特性，学習内容などを考慮しながら，「単元」名（全指導時数）を記述するとともに，問題解決学習の考え方をもとに学習活動の大枠を構想する。

第○学年　○○○単元指導計画

担当者　○○　○○

１．単元名「○○○○・・・」（全指導時数）

２．単元設定の理由
　　（１）児童／生徒の実態
　　（２）教師の願い

３．単元の目標

４．パフォーマンス課題

５．単元の評価規準
　　○主体的に学習に取り組む態度
　　○思考・判断・表現
　　○知識・技能

６．学習過程と評価計画

学習活動	支援 （方法・内容）	評　価　規　準			評価 資料
		主体的に 学習に取り 組む態度	思考・ 判断・ 表現	知識 技能	

７．ルーブリック

学習活動	評価 規準	学習活動における具 体的な評価規準	評価 資料	評　価　基　準		
				A（3）	B（2）	C（1）

図10-1　単元指導計画のフォーマット

③ 単元設定に関わる「教師の願い」の記述

　「単元設定の理由」は，まず，どのような子供に成長して欲しいかがわかるように「教師の願い」を書く。その際，学校レベルのカリキュラムの中に本単元の内容をきちんと位置づけ，つねに，学校全体の取り組みとの関係を意識して，教育内容の系統性や教科横断的な視点を考慮に入れながら記述することが

重要になる。

④ 単元設定に関わる「子供の実態」の記述

次に，一般的ではなく，単元に即して「教師の願い」からみたときの「子供の実態」を記述する。単元で指導すべき内容の視点から子供の実態を捉え，その問題や不十分さを明らかにすることが大切である。

⑤ 単元の目標の決定

「単元の目標」は，単元の活動，指導のポイント，望ましい子供像がわかるように一文で書く。

⑥ パフォーマンス課題の構想

教育目標を達成した子供の姿を具体的にイメージして，そのような子供の姿が引き出せるようなパフォーマンス課題を構想する。

⑦ 単元の評価規準の決定

「単元の評価規準」は，パフォーマンス課題において目標を達成した子供の姿を具体的にイメージしながら，どんな「主体的に学習に取り組む態度」を身につけて，いかなる「思考・判断・表現」力を働かせ，育てて欲しいのか，そして，その結果としてどのような「知識・技能」を身につけて欲しいのか，といった評価の3観点の側面から記述する。

⑧ 学習活動・支援の構想

②の学習活動の構想をもとに，主体的・対話的・深い学びを促す指導や個に応じた指導などを考慮しながら，「学習過程と評価計画」中の「学習活動」及び「支援」を具体的に記述する。

⑨ 評価計画の構想

単元の評価規準を，具体的な学習過程のいつ，どこで，どのような評価資料・情報をもとに評価するかをプロットし，その結果を「学習過程と評価計画」の中の「評価規準」「評価資料」の各欄に記述する。

⑩ ルーブリックの設定

各評価規準の実現状況をみるための評価基準をABCの3段階の尺度で設定

するために，「学習活動」「評価規準」「学習活動における具体的な評価規準」「評価資料」「評価基準」の各欄からなる「ルーブリック」を作成する。

以上のようにして，単元レベルのカリキュラムがデザインされることになる。なお，ここでは，①から⑩へという形で概説してきたが，実際の単元指導計画の作成にあたっては，各段階を必要に応じて行き来しながら修正が繰り返されることになる。なお，詳細な設定要領については，続く各章で検討していく。

3. 問題解決学習とは

学校教育の目的としてコンピテンシーとしての「生きる力」の育成がめざされる中で，いかに問題解決学習を進めていくのかがひとつの大きな課題となるだろう。単元の学習活動を構想するにあたり，ここではまず，デューイの「探究」の理論を基礎に問題解決学習について検討したい[2]。

「探究」とは，デューイによれば，「段階」「操作」「態度」の３つがともに働く問題解決の思考をいう。

---

(1) 問題解決の「段階」
　① 問題的場面 → ② 問題の形成 → ③ 仮説の形成 → ④ 行動による仮説の検証 → ⑤ 解決された場面

(2) 問題解決の「操作」
　　　　　観察　　　　　　　　　　　　　　　　　推理
　（事実・知識の感覚・　　　　→　　　（事実・知識の分類・比較・関連
　　知覚・想起・確認）　　　　←　　　　づけ・解釈・応用・類推・推論）

(3) 問題解決の「態度」
　・寛心性（解放性・協調性・謙虚さ）　・誠心誠意（持続性・集中性・積極性）
　・責任（自主性・自立性・多面性・丹念性）

図 10-2　問題解決学習の構造

第 10 章　単元指導計画のデザイン―学習活動の構想　　113

(1) 問題解決の「段階」

　問題解決は,「問題的場面」に始まり「解決された場面」で終わる反省的な思考である。

　①「問題的場面」は,ある環境との出会いによって,現在の知識や能力ではすぐには解決できないような混乱した状況にいる段階である。教師は,指導にあたって,問題や課題を与えるのでなく,なすべき何かを与えて,未知なるものであるが,おもしろそうだ,やってみようという意欲を喚起することが重要である。

　②「問題の形成」は,いったい何が問題なのか,解決すべき問題は何なのかをいろいろ試して,疑問を知性的に整理して,問題を明らかにする段階である。教師は,環境操作を通して,問題が浮かびあがってくるように支援することが大切である。

　③「仮説の形成」は,既存の知識や情報を手がかりに,仮説（仮の答え）を立て,どのように問題を解決していくか,問題解決のための行動計画を練る段階である。教師は,必要な知識や情報などを操作して,解決活動を方向づけることが重要である。

　④「行動による仮説の検証」は,解決策に基づいて,実際に調べたり,実験したり,体験したりする段階である。教師は,仮説が問題を解決するかどうかを行動によって検証するために,適切な機会を提供することが大切である。

　⑤「解決された場面」は,行動を通して仮説が検証され,問題が解決して,問題解決が終了する段階である。

(2) 問題解決の「操作」

　問題的場面から解決された場面への移行は,問題解決の「操作」を通して実現される。問題解決の操作は,観察（先行観察の記憶が含まれる）から推理し,推理したことを観察によって検証するというプロセスを繰り返す心的な過程をいう。この操作はすべての段階で必要とされる。

子供たちは，既成の知識や事物・事象を道具として，問題解決のために必要な資料を観察し，推理して仮説を形成する。すなわち，これまでに形成してきた認知の枠組みをもとに環境と相互交流し，新たな認知の枠組みとしての仮説を立てる。

　そして，その仮説（新しい観念）は検証（観察）され，問題が解決される。こうして，新しい認知の枠組みは，正しいことが実証されれば，既存の認知の枠組みが新たなものへと再構成されることになるのである。

(3) 問題解決の「態度」

　問題解決の態度は，「寛心性」，「誠心誠意」，「責任」を典型とした思考にのぞむ「態度」から構成されている。問題解決には，その段階や操作だけではなく，それを実行していこうとする望ましい心的傾向（問題解決態度）が必要である。デューイは，そうした態度として，解放性・協調性・謙虚さなど，新しい考えや事実にひらかれた「寛心性」，持続性・集中性・積極性などの「誠心誠意」，自主性・自立性・多面性・丹念性などの「責任」といった心的傾向を挙げている。

(4) 問題解決学習を構想するポイント

　問題解決学習を構想するにあたって，たとえば，以下の3点に留意することが必要である。

　第一に，問題解決学習においては，いかに問題場面に出会わせるのかがカギになる。教師が課題を提示するような実践もみられるが，それでは子供の問題解決とはならない。子供の問題にするためにも，題材に出会わせ，問題場面を設定する工夫が必要であろう。

　第二に，形式的な問題解決活動にしないことが大事である。問題解決活動は，実際には，問題の解決に至るまでの長さはさまざまである。内容によっては多様な展開をすることも考えられる。問題解決の段階を踏まえつつも，子供

第10章　単元指導計画のデザイン—学習活動の構想　　115

の探究を重視し，問題解決活動が形式化しないように心がけることが重要である。

　第三に，問題解決学習においても指導は重要である。学習指導要領では，教えて考えさせる授業が大切であるとされている。一方，問題解決学習については，教師は教えないものと誤解されがちである。しかしながら，問題解決学習においても，各段階で必要に応じてきちんと指導することが大切である。

　たとえば，問題づくりでは，問題をつかむための背景や前提となる知識や技能の習得，仮説・計画づくりでは，仮説生成や問題解決の方策を導き出す思考，仮説の検証では，情報収集の手法や検証の進め方などの追究の仕方，解決された場面では，結果のまとめ方や発表の仕方，知識・技能の定着など，探究という問題解決学習の過程の中において，知識と技能の習得やその活用を含めた指導を適切に行うことが必要である。

4. 単元指導計画の作成要領
（① 対象学年・教科及び担当者の決定，② 単元名及び学習活動の構想）

　では，これまでの議論をもとに，① 対象学年・教科及び担当者の決定，② 単元名及び学習活動の構想の作成要領を具体的にみていきたい。

(1) 対象学年・教科及び担当者の決定

　単元において問題解決活動をデザインしていくうえで，まず，対象学年，教科及び担当者を決定する必要がある。その際，ひとつの学年と教科及び一人の担当者をイメージしがちである。しかしながら，異年齢による学習集団，合科的・関連的・横断的な内容の取り扱い，チームティーチング（TT）を活用した多様な教師組織など，さまざまな工夫が考えられる。カリキュラムをデザインするにあたっては，これまでの枠にとらわれることなく，さまざまな可能性を探ることが重要であろう。

(2) 単元名及び学習活動の構想

　対象学年，教科及び担当者が決まると，そのような子供たちを対象に，どのような学習活動を展開するのかをイメージすることになる。ここでは，前述したデューイの問題解決学習の段階に従って検討していくことにする。

① 単元名の決定

　まず，単元名をつけるにあたっては，問題解決活動のねらいや内容がわかるように工夫することが大事である。本単元では，「チャレンジ・南北問題！」という単元名が決定され，35時間が指導時数とされている。

② 学習活動の決定

　学習活動は，問題的場面→問題の形成→仮説の形成→仮説の検証→解決された場面，の各段階を踏まえて，問題解決活動を構想することが重要であろう。

　巻末の資料2の事例では，以下のようなⅰ～ⅴの段階からなる学習活動の展開となっている。ⅰ.「問題的場面」では，何気なく日頃食べているバナナを生産している人々の暮らしに出会わせる。ⅱ.「問題の形成」では，「南北問題について何ができるかを考えよう」という問題をつくる。ⅲ.「仮説の形成」では，既存の知識や経験から「南北問題と自分との関わりがわかれば南北問題の解決に向けた行動ができるだろう」という仮説（仮の答え）を立て，解決のための計画を立てる。ⅳ.「行動による仮説の検証」では，計画に従って，自分との関わりの視点から，身近なバナナを題材に南北問題について本やインターネットで調べたり，バナナ園で働くサントスさんやこの問題に取り組んでいるNPOの方の話を聞いたり，現地訪問をしたりする。ⅴ.「解決された場面」では，身近にできる国際協力の企画書を作成するというパフォーマンス課題に取り組み，国連生徒会議において自分の企画を提案して話し合う。

おわりに

　本章では，単元指導計画のフォーマット，その作成要領を解説し，学習のま

とまりとしての単元をいかに構成して，授業づくりを考えるかを概観した。な
お，作成要領の ③ 〜 ⑩ をどのように進めていくかについては，以下の章で，
具体的な事例をもとに検討していくことにする。

　また，デューイの「探究」の理論を基礎に問題解決学習について検討し，学
習活動をいかに構想するのかを考えてきた。コンピテンシーの育成をめざした
学習活動をデザインするにあたっては，問題的場面→問題の形成→仮説の形成
→仮説の検証→解決された場面，といった問題解決学習の段階を手がかりにす
ることが有効であると思われる。単元の構想にあたっては，子ども自らが学習
の主体となって，探究を進めていけるように，問題解決学習をデザインしてい
くことが重要である。

演　習

・「教科書を教える」ことと「教科書で教える」ことにはどのような違
　いがあるのかを考えよう。
・作成要領をもとに，デューイの問題解決の段階に従って，総合的な学
　習の時間の学習活動を構想してみよう。

注
(1)　四日市市立教育センター『総合的な学習の時間の研究』2000 年，16-17 頁。
(2)　デューイの問題解決学習については，高浦勝義「一斉画一的な教育から子ども中心
　　の教育へ─オープン教育の理論的検討」加藤幸次・高浦勝義『個性化教育の創造』明治
　　図書，1987 年，170-177 頁，及び，高浦勝義『生活科における評価の考え方・進め方』
　　黎明書房，1991 年，33-110 頁を参考にした。

第11章
単元を通して育みたい
資質・能力目標

本章のポイント

- ③ 単元設定に関わる「教師の願い」及び④「子供の実態」の記述
  「単元設定の理由」は，まず，どのような子供に成長して欲しいかがわかるように「教師の願い」を書く。次に，一般的ではなく，単元に即して「教師の願い」からみたときの「子供の実態」を記述する。
- ⑤ 単元の目標の決定
  「単元の目標」は，単元の活動，指導のポイント，望ましい子供像がわかるように一文で書く。
- ⑥ パフォーマンス課題の構想
  目標を達成した子供の姿を具体的にイメージして，そうした姿が引き出せると思われるパフォーマンス課題のシナリオをつくる。

　学習活動がおおまかに決まると次に，単元設定の理由を検討し，その学習活動をカリキュラム全体の中に位置づけることにしたい。そして，めざす子ども像と現在の子どもの実態のズレの視点から，単元の目標を明確に設定することにする。教育目標を明確にすることは，きわめて重要である。教育目標は，教材や学習活動を選択したり，実践を評価したりする際の基準となる。そのため，ここではさらに，育みたい子供の姿をイメージして教育目標を明確にするために，パフォーマンス課題を構想することにしたい。

　本章では，単元指導計画の作成要領（第10章参照）の中の，単元設定に関わ

る ③「教師の願い」の記述，④「子供の実態」の記述，⑤ 単元の目標の決定，⑥ パフォーマンス課題の構想について，具体的な事例をもとにみていくことにする。

1. 教育目標の明確化と逆向きデザイン

　コンピテンシーを育てるためには，真正さという概念に着目し，教育目標を明確に設定し，リアルな文脈において問題解決の活動を進めていくことが重要である。このような現実の世界で生きて働く「本物の」「根拠のある」「真正な」学力の育成にあたっては，パフォーマンス課題を活用することが考えられる。パフォーマンス課題とは，「リアルな文脈の中で知識やスキルを使いこなすことを求める課題[(1)]」をいう。たとえば，課題の形式としては，口頭発表，ディベート，演技などの実技，研究レポート，作品，ビデオなどの完成作品などがある。

　G. ウィギンズと J. マクタイは，第9章で述べたように，真正の学力を形成する効果的なカリキュラムデザインとして，「逆向きデザイン (backward design)[(2)]」を提唱している。逆向きデザインとは，① 望まれる結果を明確にし（教育目標），② その結果として認められる証拠を決定し（評価），③ その証拠に導く学習経験と指導を計画する（指導）といった手順で構成される。評価（目標を達成した具体的な子供のパフォーマンス）をもとに，指導（その実現に向けた学習活動及び指導）を構想するために逆向きデザインと呼ばれている。

　こうした教育目標と評価を一体化させる考え方を参考にして，本書ではまず，単元設定の理由において，どのような学力をいかに育成していくのかを検討し，教育目標を明確に設定する。次に，そのような学力が形成されたと思われる子供の姿をイメージしながらパフォーマンス課題を設定し，具体的な子供の姿として単元の目標が捉えられるようにしたい。

2. 単元設定の理由・単元の目標・パフォーマンス課題

(1) 単元設定の理由

単元設定の理由については，育てたい子供の姿と現在の子供の姿のズレを捉えるため，① 教師の願い→② 子供の実態の順序で記述する。

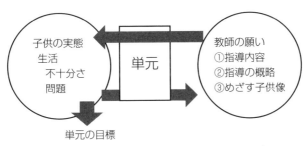

図 11-1 「単元設定の理由」設定のイメージ

① 教師の願い

教師の願いは，どのような生活をする子供に成長して欲しいかがわかるように，① 指導内容，② 指導の概略，③ めざす子供像の３つの観点から記述することにする。すなわち，どのような内容を指導し (指導内容)，どのような問題解決の活動を展開し (指導の概略)，その結果としてどのような生活をする子供に成長して欲しいのか (望ましい子供像) がわかるように記述する。

記述にあたっては，各教科等であれば学習指導要領，総合的な学習の時間であれば内容系列表から，該当する指導内容を探す。その指導内容をもとに単元で指導する内容を設定し，問題解決の段階に従って指導の概略を簡潔に書き，そうした学習活動を通してめざされる子供像を記述する。

② 子供の実態

子供の実態については，めざす子供の姿からみたときの子供の実態を記述する。一般的ではなく，単元に即して書くことが大切である。できれば，生活上の問題や課題が記述できるとよい。

子供の実態の記述にあたっては，「学級の子供は明るく元気であるが，じっくり学習に取り組むことに課題がある」など，どこの学級にもあてはまるような，一般的な記述になっている指導案をよく目にすることがある。

　しかし，ここで重要なのは，単元で指導する内容の視点からみた子供の実態であろう。既習の学習として，どのようなことを経験しているのか，そのような既習の学習内容はきちんと定着しているのか，単元の学習について，意識や意欲の面でどのような高まりがみられるのかなど，単元に即した記述にすることが大切である。

　このような記述を心がけることで，単元で指導する内容と子供の実態の間のズレが明確になり，単元の目標が焦点化されていくのである。

(2) 単元の目標

　教師の願いと子供の実態のズレが明確になると，そのズレを解消して目標に到達させるためにはどのような手だてをとればよいのかを考慮しながら，単元の目標を具体的に記述することになる。なお，単元の目標の記述については，一文で簡潔に表現することにした。評価の3つの観点から目標を設定している指導案もみられるが，本書では，後の段階で評価規準を設定することもあり，単元の目標については一文とした。

　具体的には，単元の目標は，「～の活動を通して，～に気づき／を考え／を理解し／を表現し，～できるようになる。」のように，単元の活動，指導のポイント，望ましい子供像の全体を一文で書くことにする。

表11-1　単元目標の記述

「～の活動を通して，～に気づき／を考え／を表現し，～できるようになる。」
①単元の活動，　　　②指導のポイント，　　　③望ましい子供， 　　　　　　　　　　　　　　　　　　　　のように全体を一文で書く。

⑶ パフォーマンス課題

① パフォーマンス課題の特徴

単元の目標を設定すると次に，パフォーマンス課題を設定することにしたい。

パフォーマンス課題とは第一に，子供にとってリアルで切実な問題をもとにした真正な課題である。「真正な」とは，前述のように，にせものではなく本物であるということである。子供にとって身近で，リアルな課題に取り組むことで，社会で生きて働く力を促すものである。

第二に，パフォーマンス課題は，あらかじめ答えが決まっているものではなく，オープンエンドである。学校で教える問題は，テストのように答えがすでに決まっている場合が多いが，社会に出れば，答えのない問題がほとんどである。パフォーマンス課題は，社会で実際に向き合うようなオープンエンドの問題といえる。

第三に，パフォーマンス課題は，学ぶ意味がわかる課題である。「これ何のために勉強するの」「学校で勉強することは，社会に出て役に立たない」と子供たちはよく疑問を持つ。パフォーマンス課題は，「教科について学ぶ（learn about a subject）」ものではなく，教科を学ぶことが実社会や実生活とつながりをもち，自らの生き方に関わる「教科する（do a subject）」ことへの転換をもたらすものである。[3]

このようなパフォーマンス課題の構想にあたっては，教育目標を達成した子供の姿を具体的にイメージして，そのような子供の姿が引き出せるような課題を考え，そのシナリオを記述する。

② パフォーマンス課題をつくる手順

パフォーマンス課題は，以下のような手順でつくることができる。

たとえば，事例に示した「バナナを事例に南北問題について，調べ，現地訪問し，話し合う活動を通して，南北問題が自分にとって身近な問題であることに気づき，その問題の解決のために何か行動できるようになる」といった単元の目標があったとする。

第 11 章　単元を通して育みたい資質・能力目標　　123

第一のステップでは，目標を達成した児童生徒の姿を具体的にイメージすることにする。目標に示された内容について，どのようなことを，いかなるレベルでできるようになることが求められるのかを児童生徒のパフォーマンスの形で考える。事例では，南北問題の解決のために何か行動できるようになった子供の姿を具体的にイメージしている。

第二のステップでは，イメージした児童生徒の姿が引き出されるようなパフォーマンス課題のシナリオをつくる。

たとえば，事例では，「○○中学校では，「国連生徒会議」を開くことになりました。あなたは南北問題の解決に貢献できる「身近にできる国際協力」について考え，自分たちにできることをみんなに提案することになりました。そのための説得力ある企画書を作りあげてください」といった形で設定している。

表 11-2　パフォーマンス課題をつくる手順

単元の目標

> A．バナナを事例に南北問題について，B．調べ，現地訪問し，話し合う活動を通して，C．南北問題が自分にとって身近な問題であることに気づき，その問題の解決のために何か行動できるようになる。

ステップ 1．目標を達成した児童生徒の姿を具体的にイメージする。
ステップ 2．そのような姿が引き出されるような課題のシナリオを考える。

パフォーマンス課題

> A 中学校では，「国連生徒会議」を開くことになりました。あなたは南北問題の解決に貢献できる「身近にできる国際協力」について考え，自分たちにできることをみんなに提案することになりました。そのための説得力ある企画書を作りあげてください。

③ パフォーマンス課題の事例

ここでは，パフォーマンス課題の具体例をみてみたい。以下の事例は，小学校国語単元「お話しフェスティバルを開こう（スイミー・読書案内）」，体育単元

「5年赤組花火大会をしよう」，中学校社会（歴史）単元「国際シンポで提案しよう！」，第3学年理科単元「科学技術と人間の生活（エネルギー資源）」で設定されたパフォーマンス課題である。⁽⁴⁾

---

① 小学校国語単元「お話しフェスティバルを開こう（スイミー・読書案内）」
　絵本の部屋をみんなが楽しく使ってくれるように，お話しフェスティバルをすることになりました。
　あなたは，そのメンバーとして，フェスティバルを成功させなければなりません。フェスティバルでは，スイミーの紙芝居コーナーとお薦めの本コーナーをやります。お話の場面や様子，雰囲気をしっかりと考えてそれが伝わるように読み方を工夫して紙芝居をしましょう。また，これが自分の一番のお薦めと，自信を持って言える本を選んで，わかりやすい紹介カードを書きましょう。お話カードには，題名，作者，登場人物，あらすじ，お気に入りのところがはっきりとわかるように書きましょう。

(田中，2011，46-47頁)

---

② 小学校体育単元「5年赤組花火大会をしよう」
　5年赤組花火大会をします。ただし，体を使って「人間花火」になります。見る人に自分たちの思いが伝わるように各グループでオリジナルの「花火」になるよう工夫していきましょう。工夫するときには，「花火」の音や様子などを具体的に考え，どのような動きが思いの伝わる表現になるかを考えたり，友達と互いの動きを見せあいアドバイスし合ったりして，より良い表現にしていきましょう。そして，5年赤組花火大会が盛り上がるようにしていきましょう。

(田中，2011，114頁)

---

③ 中学校社会（歴史）単元「国際シンポで提案しよう！」
　あなたは，平和を守るための調査や研究をしている政治学者です。ところが，20世紀の初めから世界のいろいろなところで戦争が起こるようになりました。第一次世界大戦，第二次世界大戦と規模が大きく犠牲者も多く出た戦争が二度にわたり起こったため，世界に向けて「なぜ戦争が起こるのか？どうすれば戦争を防げるのか？」について提言するレポートを作成することになりました。
　その前に，関係したそれぞれの国の研究者とシンポジウムで意見交換することになります。あなたもそのメンバーとして世界平和に役立ち，「なるほどなあ……」と思わせることができるような発言をしてください。

(三藤・西岡，2010，23頁)

第11章　単元を通して育みたい資質・能力目標　　125

④ 中学校第3学年理科単元「科学技術と人間の生活（エネルギー資源）」

　現在，日本には多くのテーマパークが存在しています。中でも派手な動きをするアトラクションが人気ですが，昨今のエネルギー事情や地球環境問題を考えると，できるだけ環境にやさしいアトラクションが望まれています。そこで，アトラクションを動かしているエネルギーを探り，そのエネルギーの損失を少なくしたり，エネルギーを再利用したりする工夫を加え，自分の考える環境に優しいアトラクションを考案し，提案しなさい。　　　　　　　　　（田中，2011，161頁）

3. 単元指導計画の設定要領（③「教師の願い」の記述，④「子供の実態」の記述，⑤ 単元の目標の決定，⑥ パフォーマンス課題の構想）

　では，具体的な事例をもとに，(1) 単元設定の理由，(2) 単元の目標，(3) パフォーマンス課題の設定要領についてみていきたい。

(1) 単元設定の理由

① 単元設定に関わる「教師の願い」の記述

　「教師の願い」では，① 指導内容，② 指導の概略，③ めざす子供像について記述する。記述にあたってまず，学習活動を念頭に置きながら，巻末資料1の内容系列表より指導内容を探すことになる。事例の学習活動は，内容系列表においては，縦軸のスコープ（領域）から横断的・総合的な課題（国際理解）が，また，横軸のシークエンス（系列）から中学校3年以上（より深く広く捉える）が特定されている。それらのスコープとシークエンスの交わるセルを見てみると，3つの指導内容が示されている。その中から，事例では，教えたい内容に近いものとして「国際理解C」が選ばれている。

　このようにして「教師の願い」では，① 指導内容が，自らの問題として「これからの国際社会の中で果たすべき日本や日本人の役割について考えようとする」態度を育てたい（国際理解C）という形で記述する。

　次に，② 指導の概略が，問題的場面→問題の形成→仮説の形成→仮説の検

証→解決された場面，の段階に従って記述する。

　最後に，学習活動を通して③めざす子供像を記述する。事例では，「これらの活動を通して，南北問題を自分にとって身近な問題として捉え，その解決のために何か行動できる生徒を育てたい」という形で記述されている。

　なお，学校レベルのカリキュラムの中に本単元の内容をきちんと位置づけ，つねに，学校全体の取り組みとの関係を意識して，教育内容の系統性を考慮にいれながら記述することが重要になる。

② 単元設定に関わる「子供の実態」の記述

　「子供の実態」の記述にあたっては，教師の願いの視点から，子供の現状を分析して，その実態を記述する。

　事例では，南北問題に関心をもち，その解決のために行動できるといった教師の願いからみて，バナナなど，日頃なにげなく口にしているものが，どのようにしてつくられ，また，つくる人々がいかなる生活をしているかを知らずにいること，また，世界中の貧しい暮らしをしている人々が自分たちとは関係ないと思っていることなどといった姿が記述されている。

　なお，こうした子供の生活実態と望ましい生活像とのズレが明確になればなるほど目標や支援の手立てが明確になる。

(2) ⑤ 単元の目標の決定

　単元の目標の決定にあたっては，めざす子供像と実態とのズレを考慮しながら，①単元の活動，②指導のポイント，③望ましい子供像を一文で記述する。

　すなわち，事例では，「バナナをもとに，南北問題について調べたり，生産者の話を聞いたり，実際に現地訪問する活動を通して（単元の活動），南北問題が自分にとって身近な問題であることに気づき（指導のポイント），その問題の解決のために何か行動できるようになる（望ましい児童生徒像）。」と，一文で表現されている。

(3) パフォーマンス課題

　パフォーマンス課題の構想にあたっては，教育目標を達成した子供の姿を具体的にイメージして，そのような子供の姿が引き出されるような課題を考え，そのシナリオを記述する。

　事例では，南北問題について「何か行動できるようになる」という目標を達成した生徒の姿として，前述したように，「身近にできる国際協力」の企画書を書くという課題が設定されている。

おわりに

　単元設定の理由の記述にあたっては，「教師の願い」→「子供の実態」の順序で記述するのが効果的であろう。こうした手順を踏むことで，この単元で何を子供たちに指導するのかの内容の視点から，子供の実態を捉え，それらのズレを明らかにすることができる。このようなズレを的確に把握することで，学習活動や指導のポイントが明確になり，「単元の目標」は焦点化されたものになるのである。

　さらに，「何ができるか」といったコンピテンシーのレベルで目標を明確にする手立てとして，パフォーマンス課題を設定することにしたい。単元の目標を達成した具体的な子供の姿をイメージすることで，学習活動のデザインがより具体化していくものと思われる。めざす子供像と実態とのズレから明確に設定された教育の目標，及び，パフォーマンス課題を達成した子供のイメージは，授業をデザインしていく際の要となる。

―― **演 習** ――――――――――――――――――――――――――――――――――

・パフォーマンス課題を活用することがなぜ重要なのか，その理由を考
えよう。

・第11章で考えた学習活動をもとに，作成要領に従いながら，単元設
定の理由，単元の目標，パフォーマンス課題を書いてみよう。

注

(1)　西岡加名恵『「逆向き設計」で確かな学力を保障する』明治図書出版，2008年，9
頁。

(2)　G.ウィギンス・J.マクタイ（西岡加名恵訳）『理解をもたらすカリキュラム設計――
「逆向き設計」の理論と方法』日本標準，2013年（原著2004年）。

(3)　石井英真「パフォーマンス評価をどう実践するか」田中耕治編『パフォーマンス評
価』ぎょうせい，2011年。

(4)　①田中耕治編『パフォーマンス評価』ぎょうせい，2011年，46-47頁，②田中，同
書，119頁，③三藤あさみ・西岡加名恵『パフォーマンス評価にどう取り組むか』日本
標準，2010年，23頁，④田中，同上書，161頁。

第12章
学力形成と評価の3観点

本章のポイント

- 学力が何を意味するのかをめぐっては，学力論争が展開してきたが，学力形成を捉える視点として評価の3観点を考えることができる。
- ⑦ 単元の評価規準の決定
  「単元の評価規準」を，どんな「主体的に学習に取り組む態度」を身につけて，いかなる「思考・判断・表現」力を働かせ，育てて欲しいのか，そして，その結果としてどのような「知識・技能」を身につけて欲しいのか，といった評価の3観点の側面から記述する。

　学力が何を意味するのかをめぐっては，学力論争が繰り返されてきたが，その焦点のひとつは，学力モデルにおいて認知と情意をどのように捉えるかといった点にあった。2007［H19］年の学校教育法の一部改正では，学力の3要素が規定され，これに基づき，新しい教育課程でも，資質・能力の3つの柱が設定されるとともに，その育ちを判断する指標としての評価の観点も3観点となった。

　本章では，日本における学力論争から課題を捉えるとともに，学力とは何か，学力形成をどのように捉えていけばよいかについて検討するとともに，単元の評価規準の作成要領について解説したい。

1. 日本における学力論争

　学力とは，学校における学びを通して育成がめざされる能力といえる。こうした学力をどのように考えるかについては，さまざまな議論がある。日本の学力論争を検討することを通して，その課題を検討したい。[(1)]

表 12-1　学力論争の展開

第一期	1950 年前後	「基礎学力論争」
第二期	1960 年代前半	「計測可能学力」「態度主義」に関する論争
第三期	1970 年代中頃	「学力と人格」をめぐる論争
第四期	1990 年代前半	「新学力」観をめぐる論争
第五期	2000 年代前半	「学力低下論争」

(1) 第一期　1950 年前後　「基礎学力論争」

　「学力」という用語は，学術的な単行本としては『新教育と学力低下』(青木誠四郎著，1949 年) が最初で，戦後の新教育をめぐる基礎学力論争の中で使用され始めた。その争点は，学力に態度を含めるかどうかをめぐる，知識と態度，学力形成と人格形成，陶冶と訓育に関する論争であった。この論争の中で提示された基礎学力論の考え方を整理すると，① 3R's (読，書，算) を内容とする「人間として必要な基礎学力」，② 学力の階層や学び方などの形で示される「学問研究の基礎としての基礎学力」，③ 教養として義務教育段階で獲得すべき「国民として必要な基礎学力」の 3 つになるという。

(2) 第二期　1960 年代前半　「計測可能学力」「態度主義」に関する論争

　知識と態度をどのように位置づけるかという問いをめぐっては，2 つの対照的な学力モデルが提唱されている。ひとつは，勝田守一の「計測可能」学力説で，学力を「計測可能な到達度によってあらわされる学習によって発達した能力」と捉える。学力を知識に限定したこの論は，教育内容の系統化や構造化を

第 12 章　学力形成と評価の 3 観点　　131

促し教科教育研究の進展に寄与した一方で，計測できないところにこそ学力の重要な部分があるといった批判を招いた。他のひとつは，広岡亮蔵の学力モデルで，「学力（わかる力）」「人格（生きる力）」との関係をモデル化し，「態度は，知識のいわば背後にあって，知識を成り立たせ，知識を支えている力」として，「生きて働く学力」に転化する構造を提唱した。この論は，知識層と態度層を含む学力構造を提示するものであったが，科学や芸術のもつ陶冶力を過小評価し，態度主義に陥るという批判もあった。

(3) 第三期　1970年代中頃　「学力と人格」をめぐる論争

　高度経済成長で進んだ地域や生活の荒廃，教育内容の高度化を背景とした落ちこぼしなどの問題を背景に，学力と人格をめぐる論争が生起した。教育科学研究会の坂元忠芳は，「わかる力」としての学力と生きる力を結びつけることを主張した。一方，藤岡信勝はそれを「かくされた態度主義」であると批判し，「成果が計測可能で，だれにでもわかち伝えることができるよう組織された教育内容を，学習して到達した能力」と狭く規定した学力論を展開した。

(4) 第四期　1990年代前半　「新学力」観をめぐる論争

　文部省は，第6章の1 (2) で検討したように，1989 ［H1］年に告示された学習指導要領において，「新しい学力観」を提唱した。新しい学力観をめぐっては，知識を軽視した態度主義であるといった批判や，「関心・意欲・態度」を評定する対象としている問題などが主張されたりした。

(5) 第五期　2000年代前半　「学力低下論争」

　「分数の計算ができない大学生」といった大学生の学力低下が大きく報道され，「ゆとり教育」の是非が問われる中で，学力低下論争が展開した。これを受けて，2002 ［H10］年の「確かな学力向上のためのアピール『学びのすすめ』」，2003 ［H11］年の学習指導要領の一部改正など，教育政策が転換されて

いった。その後，2003年のPISA調査の結果が，読解力において8位から14位に下がったことがマスコミで大きく取り上げられ，PISAショックが広がることになった。文部科学省では思考力・判断力・表現力を重視する方向に展開することになる。

学力論争をみてみると，認知と情意を学力モデルにどう位置づけるのかがひとつの争点になっていることがわかる。

2. 学力形成と評価の3観点

では，新しい学習指導要領における学力モデルをどのように考えていけばよいのだろうか。

(1) 新しい学習指導要領と評価の3観点

まず，新学習指導要領では，学力形成を捉える視点としての教育評価はどのように変わるのかを整理しておきたい。

2008年の学習指導要領では，各教科について，学習状況を分析的に捉える観点別学習状況の評価，及び，総括的に捉える評定を，「目標に準拠した評価」として実施することになっている。また，評価の観点として，「知識・技能」「思考・判断・表現」「主体的に学習に取り組む態度」の学力の3要素を踏まえて，「関心・意欲・態度」「思考・判断・表現」「技能」「知識・理解」の4観点が設定されていた。

関心・意欲・態度 思考・判断・表現 技能 知識・理解		主体的に学習に取り組む態度 思考・判断・表現 知識・技能

図12-1　評価の4観点から3観点へ

新学習指導要領においては，評価の観点が変更されている。目標準拠評価をさらに進めるために，資質・能力の3つの柱に基づいて，教科等の目標や指導内容が構造化されるのに対応させて，「知識・技能」「思考・判断・表現」「主体的に学習に取り組む態度」の3つの観点に再整理するとされている。

(2) 評価の3観点と学力の樹

　新学習指導要領における学力形成と評価の考えを「学力の樹」をもとに整理したい。[(2)]

学力の樹

学習の結果面（葉）
知識・技能→

高次知的・思考機能
（幹）
思考・判断・表現→

情意的側面（根）
主体的に学習に取り組む態度→

〈学力の3要素〉
①基本的・基礎的な知識・技能
②知識・技能を活用して課題を解決するために必要な思考力・判断力・表現力等
③主体的に学習に取り組む態度

〈評価の3観点〉
主体的に学習に取り組む態度
思考・判断・表現
知識・技能

図 12-2　学力の樹

　まず，根っこにあたるものとして「主体的に学習に取り組む態度」，幹にあたるものとして「思考・判断・表現」，葉っぱにあたるものとして「知識・技能」をイメージする。

　子供たちは，学びの土台となる根っことして情意的側面あるいは心的傾向である「主体的に学習に取り組む態度」を培っている。それをもって学習活動に入っていき，学びの幹として「思考・判断・表現」を働かせ，高次の知的・思考機能をフルに稼働し，ああでもない，こうでもないと考えて判断し表現する。その結果として，わからないことがわかるようになったり（知識）とか，

できないことができるようになったり（技能）と，学習の結果として，葉を豊かに茂らせていくのである。「主体的に学習に取り組む態度」としての根は長い時間をかけて地面に張り巡らされ，「思考・判断・表現」としての幹は学びの中核として使い鍛えることで太さを増し，「知識・技能」としての葉は，常に新しく更新されながら豊かに生い茂っていくのである。

(3) 学力のレベルとパフォーマンス評価

① 学力のレベル

　コンピテンシーの育成を考えると，学力のレベルを考えることが重要である。学力は，「知っている・できる」レベル，「わかる」レベル，「使える」レベルの3つに分けて考えることができる。[3]

小数の乗法
〔問1〕　35×0.8 = (　　　　　)，35×0.8 = (ア：28，イ：2.8，ウ：280)
〔問2〕　計算が35×0.8で表せるような問題（文章題）を作りましょう。
〔問3〕　あなたは部屋のリフォームを考えています。あなたの部屋は，縦4.2m，横3.4m，高さ2.5mの部屋です。今回あなたは床をタイルで敷き詰めようと考えています。お店へ行ったところ気に入ったタイルが見つかりました。そのタイルは，一辺が40cmの正方形で，一枚550円です。お金はいくら必要でしょうか。途中の計算も書いて下さい。

(石井，2011，19頁)

　算数の問題をもとに考えると，問1は，知っている・できるレベルである。小数の乗法のやり方を知っていれば解ける。問2は，わかるレベルである。小数の乗法の問題を作るには乗法という概念が理解できていないとできない。問3は，使えるレベルである。日常の生活場面から題材がとられており，深い理解がないとなかなか答えに至ることができない。パフォーマンス課題は，問3の使えるレベルで課題をつくるもので，深い学習を展開することで転移可能な理解に至らせることをめざしている。

② 学力のレベルと知識のタイプ

学力のレベルと知識のタイプは，石井（2011）によれば，図 12-3 のように示すことができる。ウィギンズの知識の構造を再構成して，知識のタイプを内容知と方法知の２種類で整理されている。前述した学力のレベルとの対応関係をみると，事実的知識と個別スキルは「知っている・できる」レベル，転移可能な概念と複雑なプロセスは「わかる」レベル，原理と一般化と方法論は「使える」レベルにそれぞれ対応している。コンピテンシーの育成のためには，パフォーマンス課題などの活用を通して深い理解を促し，「使える」レベルをめざすことになる。

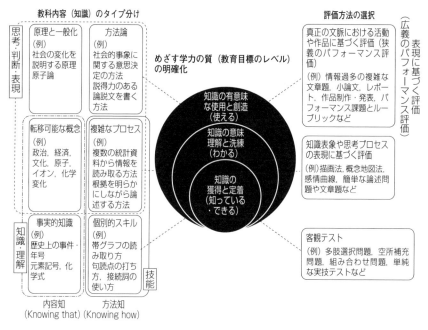

図 12-3　学力のレベルと知識のタイプ

（出典）石井英真「パフォーマンス評価をどう実践するか」田中耕治編『パフォーマンス評価』ぎょうせい，2011 年，20 頁。

③ 学力と「学びに向かう力・人間性」

　資質・能力の３つの柱の評価にあたっては,「知識・技能」「思考力・判断力・表現力等」について, これまでの評価を踏襲することができると考えられる。一方,「学びに向かう力・人間性」の評価については, どのように考えればよいのだろうか。

　「学びに向かう力・人間性」に関わって, 評価の３観点の「主体的に学習に取り組む態度」では, 子供が見通しをもって学習に取り組み, 粘り強く知識・技能を獲得したり思考・判断・表現しようとしたりしているか等の学びに向かう姿を評価するものとしている。そのため, 評価の実施にあたっては, その学習を振り返る場面を適切に設定して, 主体的に知識・技能を身につけたり, 思考・判断・表現をしようとしたりする学習に取り組む態度に焦点をあてることが必要であるとされている。態度の評価の問題としてこれまで指摘されてきた, 挙手の回数やノートの取り方などの形式的な活動での評価を克服する必要があるとされる。

　一方,「学びに向かう力・人間性」の中で, 感性や思いやりなどに関わる内容については, 観点別評価や評定にはなじまないとして, 評定の対象外とし, 個人内評価を通じて見取るものとしている。

3. 単元指導計画の作成要領（⑦ 単元の評価規準の決定）

　これまで検討したような学力の考え方をふまえ, 評価規準の作成要領を示したい。評価規準の設定にあたっては, 第11章で検討した単元の目標を達成した子供の具体的な姿をイメージして, 評価の３観点に書き分けたい。事例では, 以下のように単元の評価規準を作成した。

単元の評価規準
○主体的に学習に取り組む態度
　① 南北問題について意欲的に追究しようとする。

○思考・判断・表現
　①南北問題を明らかにする計画を立てることができる。
　②南北問題を自分の生活に関連づけて考えることができる。
　③南北問題に対する自分なりの関わり方を考えることができる。
　○知識と技能
　①バナナを生産する人々の貧しい暮らしをもとに，開発途上国の抱える問題
　　を理解することができる。
　②開発途上国の問題は，日本を含めたグローバルな経済的相互依存関係の上
　　に成り立っていることがわかる。
　③話の要点を的確に捉え，効果的にメモをとることができる。
　④論理的なレポートを書くことができる。

(1) 主体的に学習に取り組む態度

　ここでは，どのように主体的に学習に取り組む態度の形成がめざされるかといった「情意・態度面」を，学習の文脈に即して，……しようとしている，……することができる，といった形で記述する。事例では，期待する心的傾向性を，「①南北問題について意欲的に追究しようとする」と記述している。

(2) 思考・判断・表現

　ここでは，どのような思考・判断・表現力の育成がめざされるのかといった「高次知的機能面」を記述する。

　その際，①は，「問題の設定→計画→追究→まとめる」といった問題解決の「段階」から，計画づくりの部分に焦点をあてて，「南北問題を明らかにする計画を立てることができる。」として記述している。

　②は，想起・確認，比較，分類，関連づけ，解釈，類推等するなどの問題解決の「操作」から「関連づける」を選び，「南北問題を自分の生活に関連づけて考えることができる。」として記述している。

　なお，③については，生活科，及び，総合的な学習の時間の場合に記述するものとし，②との関連から自己の生活を見直す特質や方向を記述する。こ

こでは，「南北問題に対する自分なりの関わり方を考えることができる。」として
いる。

(3) 知識・技能

　ここでは，どのような知識・技能の育成がめざされるのかといった「思考の
結果面」を記述する。事例では，思考・判断の結果としての知識の内容を
「① バナナを生産する人々の貧しい暮らしをもとに，開発途上国の抱える問題
を理解することができる。② 開発途上国の問題は，日本を含めたグローバル
な経済的相互依存関係の上に成り立っていることがわかる。」として記述して
いる。

　また，同事例では，思考・判断・表現の結果としての技能の内容を「③ 話
の要点を的確に捉え，効果的にメモをとることができる。④ 論理的なレポー
トを書くことができる。」として記述している。

おわりに

　新学力観の提唱を受けて，1991［H2］年の指導要録からは評価の観点が大
きく転換され，教科の目標からではなく，子供の学びの視点から設定されるよ
うになった。評価の観点は，「生きる力」の形成を構造的に把握する視点とし
て重要な役割を果たすようになったといえる。

　評価規準の設定にあたっては，学力論争や学力の考え方を踏まえ，単元の目
標を達成した子供の具体的な姿をイメージして，評価の3観点に書き分けた
い。単元を通して育てたい学力としての評価規準が明確になればなるほど，学
習過程における手立てが具体化されていくのである。

第 12 章　学力形成と評価の3観点　　139

―― 演　習 ――

・学力とは何か，その構成要素は何か，「主体的に学習に取り組む態度」といった情意領域をどう位置づけるのかについて考えてみよう。
・第11章で考えた単元の目標を達成した具体的な子供のイメージの視点から，作成要領をもとに単元の評価規準を書いてみよう。

注

(1)　田中耕治「現代教育方法学の論点と課題」田中耕治・鶴田誠司・橋本美保・藤村宣之『新しい時代の教育方法』有斐閣，2012年，74-99頁。
(2)　志水宏吉『学力を育てる』岩波新書，2005年。
(3)　石井英真「パフォーマンス評価をどう実践するか」田中耕治編『パフォーマンス評価』ぎょうせい，2011年，19頁。
(4)　同上書，19-21頁。

第13章
アクティブ・ラーニングの
考え方・進め方

本章のポイント

- 新しい学習指導要領では，資質・能力の育成をめざして，アクティブ・ラーニング（主体的・対話的で深い学び）の視点からの授業改善が主要な課題のひとつとなっている。
- アクティブ・ラーニングを実現するためには，①教科等の内容と育みたい資質・能力とを学習活動でつなぐこと，②子供はいかに学ぶかの知見に学ぶこと，③個に応じた指導を促すことなどが重要である。

　アクティブ・ラーニングは，新学習指導要領の「諮問」(2014年11月20日)に取り上げられたことを契機に大きな注目を集めるようになった。その後，「論点整理」(2015年8月26日)，「審議のまとめ」(2016年8月26日)，「答申(2016年12月21日)」においても，学習指導要領の改訂がめざす資質・能力を育むためには，学びの質や深まりが重要であり，能動的な学びとしてのアクティブ・ラーニング（主体的・対話的・深い学び）の視点からの授業改善を進めていくことが焦点のひとつとなっている。

　本章では，資質・能力を育むために，アクティブ・ラーニングの視点から学習活動をどのようにデザインしていけばよいかについて検討したい。

141

1. アクティブ・ラーニングとは

(1) 政策課題となったアクティブ・ラーニング

「何を知っているか」だけではなく，知識を活用して「何ができるか」といったコンピテンシーの育成が問われるようになると，教育の方法も大きく変えることが必要になる。何かができるようになるためには，教師主導の一斉指導だけでは難しく，子供が主体的に活動する学びをデザインしていくことが不可欠になるのである。

このような背景から，1990年代にアクティブ・ラーニングという用語の使用頻度が世界的に著しく増加するようになり，2000年代になると日本でも高等教育において，急速に使用が広がっていくようになった。[1]とくに，中央教育審議会答申「新たな未来を築くための大学教育の質的転換に向けて」(平成24年8月24日) でその定義がなされてからは，大学改革のキーワードとして定着していったのである。

この用語はその後，高大接続の観点から，大学入試改革と並行して，高校の授業を改善していく観点から使用された。さらに，「初等中等教育における教育課程の基準等の在り方について」(諮問) においては，「課題の発見と解決に向けて主体的・協働的に学ぶ学習 (いわゆる「アクティブ・ラーニング」)」の充実が取り上げられることになった。同諮問を受けた「論点整理」「審議のまとめ」「答申」においても，新学習指導要領の主要なテーマとして，アクティブ・ラーニングの視点に立った授業改善が提言されている。

(2) 主体的・対話的で深い学びとしてのアクティブ・ラーニング

新学習指導要領は，「社会に開かれた教育課程」の理念を踏まえ，「何ができるようになるか」といった観点から，変化の激しい社会を生き抜き，未来の創り手となるために求められる資質・能力の育成がめざされている。そして，それを実現するカギとして，主体的・対話的で深い学びとしてのアクティブ・ラ

ーニングという学習・指導改善の視点が提言されている。

新しい時代に必要となる資質・能力の育成にあたっては、「主体的に学ぶことの意味と自分の人生や社会の在り方を結び付けたり、多様な人々との対話を通じて考え方を広げたり」、「身に付けた資質・能力が様々な課題の対応に生かせることを実感できるような、学びの深まり[2]」を実現するといった、アクティブ・ラーニングの視点からの授業改善が求められているのである。

アクティブ・ラーニングは、特定の指導方法の型を身につけるようなものではなく、「人間の生涯にわたって続く「学び」という営みの本質を捉えながら、教員が教えることにしっかりと関わり、子供たちに求められる資質・能力を育むために必要な学びの在り方を絶え間なく考え、授業の工夫・改善を重ねていくこと[3]」によって実現されるものとして捉えられている。

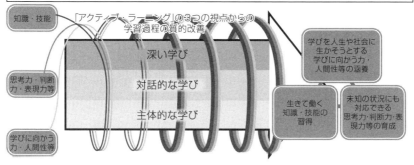

図13-1　資質・能力と主体的・対話的で深い学びの関係（イメージ）

（出典）文部科学省「答申」補足資料、2016年、12頁。

2. 授業の構成要素とアクティブ・ラーニング

　ここでは，新学習指導要領の考え方を踏まえ，アクティブ・ラーニングのあり方について検討したい。アクティブ・ラーニングを促すためには，第一に，教科等の内容，学習活動，資質・能力の3つの要素をつないで，子供の学びの経験としてのカリキュラムを構想していくということが重要である。

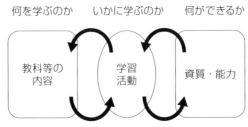

図13-2　資質・能力，学習活動，内容をつなぐ

(1) アクティブ・ラーニングの落とし穴

　アクティブ・ラーニングとは，直訳すれば「活動的な学習」ということであるが，ここで重要なのは，資質・能力を育てることが目的であるということである。資質・能力が育成されないのであれば，学習がいくら活動的であっても意味がないといえる。

　このことを考えると，第一に，これまでのように，教科等の内容のみを重視して，知識注入型の授業をいくら実施しても資質・能力は育たない。話を聞くことで知識の量は増えるかもしれないが，表面的な理解にとどまり，使える知識にはならないだろう。

　第二に，主体的な学習が大事だということで，学習活動だけを工夫しても，活動主義に陥ってしまう。子供は授業において意欲的に活動するかもしれないが，活動あって学びなしといった学習に陥ってしまい，資質・能力の育成にはつながらないだろう。

第三に，資質・能力の育成をするのだからといって，たとえば問題解決の練習をいくら繰り返しても，意味のある問題解決の能力は育成されない。問題解決の類似の課題は解けるようになるかもしれないが，形式的な手順の訓練にとどまり，社会で生きて働く問題解決力といった資質・能力の獲得にまでは至らないだろう。

　このように，教科等の内容，学習活動，資質・能力についての創意工夫は重要であるものの，それらを個別に試みても深い学びにつながらないため，知識の活用ができる資質・能力は十分には育てることはできないのである。

(2) 内容と資質・能力を学習活動でつなぐということ

　したがって，学びのデザインにあたって，コンピテンシーの育成を実現するために，教科等の内容と学習活動と資質・能力をつないでいくことが重要である。この点について，「審議のまとめ」でも，以下のような指摘を行っている。[4]

> 　新学習指導要領等が目指すのは，学習の内容と方法の両方を重視し，子供たちの学びの過程を質的に高めていくことである。単元や題材のまとまりの中で，子供たちが「何ができるようになるか」を明確にしながら，「何を学ぶか」という学習内容と，「どのように学ぶか」という学びの過程を組み立てていくことが重要になる。「見方・考え方」を軸としながら，幅広い授業改善の工夫が展開されていくことを期待するものである。

　したがって，授業のデザインにあたっては，C（資質・能力）を育てるために，A（内容）「大きな概念（ビックアイデア）」を中心にしながら，B（活動）を構想していくことが重要になってくるのである。

　以上のように，教科等の内容と資質・能力を，学習活動を通して結びつけていかないと，資質・能力は十分には育たない。こうした授業づくりを繰り返すことで，教科等の内容と資質・能力が一体化され，「生きる力」の育成につながっていくと思われる。

3. 子供の学びとアクティブ・ラーニング

　アクティブ・ラーニングを促すためには，第二に，子供がいかに学ぶかの知見を踏まえることが重要である。

　これまでの教育研究の成果から，深い理解を促す授業づくりをめぐって，どのようなことがわかっているのだろうか。たとえば，資質・能力を育成するための授業づくりの視点として，国立教育政策研究所の報告書では，以下の7点が挙げられている。[(5)]

---

　①子供は有意味な文脈で学ぶ
　②子供は自分の考えを持っている
　③子供は対話で考えを深められる
　④考えるためには材料が要る
　⑤すべ（方略）は必要に応じて使うことができる
　⑥学び方は繰り返し振り返って自覚できる
　⑦教室や学校に学び合いの文化があると，より学びやすくなる

---

　①子供は意味を感じられる文脈で学ぶ。したがって，授業づくりにあたっては，子供が学ぶ意味を感じられるように，子供が取り組みたいと思い，学問的にも価値のある課題・めあてや問いをもとに授業を構成することが重要である。

　②子供は自分の考えをもっている。このことを考えると，子供の実態をしっかり把握し，文化や生活経験，既有知識に基づく自分なりの考えを踏まえた授業づくりが大事である。

　③子供は対話で考えを深められる。自分の考えは変えにくいが，他者と話し合うことで，違いに気づき，自分の考えを振り返り深めることができることを考えると，授業に対話を取り入れる効果は大きいといえる。

　④考えるためには材料が必要である。○○について考えてみようといって

も，考えを深めるためにはそれを可能にする材料が必要であり，授業づくりにあたっては，思考力を促す十分な教材の準備が求められるのである。

⑤ すべ（方略）は必要に応じて使うことができる。思考を助けるすべ・手立ては，スキルをドリルするようなものではなく，学習活動に埋め込んで自然に使えるように配慮することが必要である。

⑥ 学び方は繰り返し振り返って自覚できる。自立した学習者になるように，自らの学びが自覚できるようになるために，振り返りの機会を繰り返し設けることが大切である。

⑦ 教室や学校に学び合いの文化があると，より学びやすくなる。そのため，学習が充実するための条件整備を図り，学び合い高め合うといった教室や学校の文化を醸成していくことが求められる。

子供の学びのデザインにあたっては，たとえば，これらの7つの原則に沿いながら授業を展開することが重要である。子供がいかに学ぶのかの視点から，主体的・対話的で深い学びとしてのアクティブ・ラーニングを促していくことが期待されるのである。

4. 個に応じた指導とアクティブ・ラーニング

アクティブ・ラーニングを促すには，第三に，個に応じた指導を心がけることが重要である。

(1) 一斉指導と個に応じた指導

資質・能力の育成のためには，個に応じる形でアクティブ・ラーニングとしての学びをデザインして，ほんものでリアルな経験や体験を促していくことが必要だろう。ここでは，表13-1をもとに，一斉授業から個に応じた指導への展開という視点から取り上げたい。[6]

第13章　アクティブ・ラーニングの考え方・進め方　147

表 13-1　一斉指導と個に応じた指導

	目的観	指導の論理	学習観	教師観	評価観		指導者	学習集団	指導形態	教材	学習時間	学習場所
教育の画一化	知情意の画一化	記憶力中心の授業	学習の画一的成立	注入・伝達者	測定と評価（選択）	一斉指導	学級／教科担任教師	学級（同年齢集団）	一斉指導／グループ指導	同一教材／教具	45／50分	普通教室中心
教育の個性化	知情意等の一層の成長（個性化）	自己教育力―「探求」による授業	学習の個性的成立	学習の援助者（環境提供者）	問題解決評価観（指導と評価の一体化）	個に応じた指導	TT（ティームティーチング）	無学年多学年興味・関心別などによる多様な学習集団	個別指導	個別化・個性化学習材／教育機器	1単位時間の柔軟使用（例モジュール，ブロック制）	多目的・オープンスペース

(出典) 高浦勝義「個別化・個性化による授業づくりの工夫」高浦勝義編『個性が育つ教育方法読本』教育開発研究所，1994年，83頁より作成。

(2) 授業をデザインするビジョン

　アクティブ・ラーニングの視点に立って授業をデザインする際に，どのようなビジョンが求められるのだろうか。目的観，指導の論理，学習観，教師観，評価観の点からみると，たとえば表13-1に示すようになる。

　コンテンツの習熟が求められたこれまでの教育では，教育の画一化を指向する一斉指導をデザインし，画一化の目的のもとに，記憶力中心の授業で，学習を画一的に捉え，注入伝達者としての教師が，テストを中心とした測定と評価を行うという傾向にあった。工業社会で求められる労働者のニーズに応えて，知識の伝達を効率的に行うことを主に進められてきたといえる。

　しかし，激しく変化する社会で生きていくために，コンピテンシーの育成が求められるようになると，従来型の教育のあり方では対応できなくなる。知識の記憶ではなく，知識の創造や活用が求められており，それを可能にする一人ひとりの資質・能力をいかに育てていくのかが問われることになる。そのため，表13-1のように，教育の個性化を指向して個に応じる指導という視点から，個性化の目的のもとに，自己教育力を重視し，学習の個性的な成立をめざし，学習の支援者としての教師が，問題解決評価（第15章を参照）を進めてい

くといった教育のあり方が必要になってくるのである。

(3) 授業をデザインする構成要素

　では，学びのデザインをどのような視点で進めるかについて検討したい。指導者，学習集団，指導形態，教材，学習時間，学習場所の点から比較すると**表13-1**のようになる。

　コンテンツの習熟をめざすこれまでの一斉指導では，学級あるいは教科担任の教師が，同一年齢の学級集団を対象に，一斉あるいはグループで，同一の教材・教具を使い，通常の教室において指導が進められる傾向にある。工場をモデルに，知識の伝達を最優先する教育システムが取られてきたといえる。

　それが，コンピテンシーの育成を指向するようになると，学びの環境構成の視点も大きく転換することが必要になってくる。個に応じた指導をめざして，教師がチームとして，多様に編成した学習集団を対象に，個別に，個別化・個性化した学習材等を使い，柔軟に区切った学習時間で，オープン・スペース等を活用しながら指導を進めること等が求められるようになる。一人ひとりの子供に深い理解を促し，知識の創造や活用を担うことができる資質・能力の育成がめざされているのである。

　これからの授業デザインにあたっては，「教育の画一化」ではなく「教育の個性化」の理念に立ち，一斉指導も必要に応じて使いつつも，個に応じた指導の充実を図っていく個性化教育が求められているといえる。

おわりに

　アクティブ・ラーニングは，資質・能力の育成を可能にする深い学びを実現するための方法であり，教科等の中心的な概念について，時間をかけ徹底して主体的・対話的に学ぶことを通して，知識の活用ができる転移可能な深い理解に至ることがめざされているといえる。

そうした学びを実現するカギとなるのは，深い理解へと至るための文脈を提供することであろう。そのためには，第一に，教科等の内容と育みたい資質・能力とをつなぐ形で，アクティブ・ラーニングをデザインしていくことが重要である。第二に，子供はいかに学ぶかの知見に基づいた学びをつくることが大切である。第三に，多様なニーズに対応して個に応じた指導を促すことが必要である。資質・能力の育成が課題となる中で，アクティブ・ラーニングとしての学びの経験をデザインしていくことがすべての教師に求められているといえる。

演 習 [7]

　学びとは，いつ，どのようなときに起きるのだろうか。
(1) 小さな子供の頃のあなたを思い浮かべ，それから今に至る人生の中で，あなたが「何かを学んだ」という場面を一つ思い出してみよう。
(2) その体験をペアで話し合い，学びの体験には何か共通するものがあるのか，学びが生じるときはどんなときか，考えてみよう。

（教師教育学研究会，2014，21 頁をアレンジ）

注

(1) 溝上慎一『アクティブ・ラーニングと教授学習パラダイムの転換』東信堂，2014 年。
(2) 文部科学省「幼稚園，小学校，中学校，高等学校及び特別支援学校の学習指導要領等の改善及び必要な方策等について（答申）」，2016 年 12 月 21 日，47 頁。
(3) 同上資料，49 頁。
(4) 文部科学省「審議のまとめ」，2016 年 8 月 26 日。
(5) 国立教育政策研究所『教育課程の編成に関する基礎的研究報告書 資質や能力の包括的育成に向けた教育課程の基準の原理』，2014 年 3 月，157 頁。
(6) 高浦勝義編『個性が育つ教育方法読本』教育開発研究所，1994 年。
(7) 「教員のためのリフレクション・ワークブック　教師研修・教員養成テキスト Ver.3」教師教育学研究会，2014 年，21 頁，および武田信子・金井香里・横須賀聡子編著『教員のためのリフレクション・ワークブック―往還する理論と実践』学事出版，2016 年，17 頁を参考にした。

150

第14章
ICT 及び教材の活用

本章のポイント

● 主体的・対話的で深い学び（アクティブ・ラーニング）を実現するために，ICT 環境を整備するとともに，ICT を効果的に活用する学びをデザインしていくことが求められる。

● 急激に変貌を遂げる情報社会において，情報活用能力，すなわち，情報及び情報技術を適切に選択し活用して，問題を発見・解決していくために必要な力の育成が課題となっている。

テクノロジーの革新がめまぐるしく進む情報社会が到来する中で，社会は質的な変化を遂げている。情報化の進む社会や職場の急速な変化に対応して，学校教育の革新が急務となっている。そのためには，まず，ICT（information communication technology）を日常的に活用できる教育環境を整備していくことが求められている。また，ICT をツールとして，豊かな学びの経験をデザインしていくことが必要である。さらに，デジタル社会を生き抜くために，情報や情報技術を主体的に選択し活用して，問題発見・解決をしていく情報活用能力を涵養していくことが課題となっている。

本章では，デジタル社会への転換が進む中で，教育の情報化をどのように進め，ICT を活用するこれからの学びをいかにデザインしていけばよいのかを考えたい。

151

1. デジタル社会と学校教育

(1) 急速に進展する情報化

ICT の急激な発展は，情報のアクセス，操作，生成，発信など情報処理の
あり方を大きく変えている。職場では歴史的な変化が起こっており，複数の場
所からデジタル機器を駆使してコミュニケーションをとりながら，プロジェク
トチームで新しいサービスや製品を協働的に創造するといった知識労働を担う
人材が求められている。

一方，ICT はもはや私たちの生活の一部となっており，生活で必要な情報
を検索したり，SNS (social networking service) を通して情報交換したり，自
ら情報を創造したり発信したりしている。パソコン，タブレット端末，スマー
トフォンなどが浸透し，技術革新やバージョンアップが繰り返される中で，デ
ジタル生活様式への対応を否応なく迫られるようになっている。

最近では，人工知能 (AI) やコンピュータがあらゆるものにつながる IoT，
ビッグデータの開発もめざましく，社会はさらに大きな変貌を遂げようとして
いる。デジタル化が進む中で，ICT を思考の道具として使いこなし，情報を
処理したり，コミュニケーションをとったりして，新しい知識を創造していく
ことに迫られている。

(2) 教育の情報化という課題

情報技術が急速に進化する一方で，その変化に対応する学校の改革はあまり
進んでいない。黒板とチョークによる一斉授業が未だに根強く残る中で，教育
の情報化が直近の課題となっている。

教育の情報化には，教科指導における ICT 活用，校務の情報化，情報教育
の 3 つが含まれる。[1]

> 教科指導における ICT 活用―各教科等の目標を達成するための効果的な
>   ICT 機器の活用―
> 校務の情報化―教員の事務負担の軽減と子供と向き合う時間の確保―
> 情報教育―子供たちの情報活用能力の育成―

　パソコン，インターネット，教育用ソフトなど，学校でも活用できる ICT 機器や環境，コンテンツがすでに開発されている。たとえば，情報提示のための ICT 機器としては，プロジェクター，大型ディスプレイ，電子黒板，実物投影機，コンテンツとしては，CD-ROM，DVD，教育用コンテンツ，教科書準拠デジタルコンテンツ，学習用ソフトウェアなどが開発されている。

　こうした ICT 活用の特性や強みは，① 多様で大量の情報を収集，整理・分析，まとめ，表現することなどができ，カスタマイズが容易であること，② 時間や空間を問わずに，音声・画像・データ等を蓄積・送受信でき，時間的・空間的制約を超えること，③ 距離に関わりなく相互に情報の発信・受信のやりとりができるという，双方向性を有すること，の3つに整理されるという。[2] こうした ICT 活用の特性や強みを生かして，教科指導，校務，情報教育など教育の情報化を進めていくことが期待されている。

2. 教師による ICT の効果的な活用

(1) 授業での ICT の効果的な活用

　では，授業において ICT をどのように活用していけばよいのだろうか。アクティブ・ラーニングの視点に立った学習活動において，ICT を効果的に活用し，各教科等の特性に応じた指導内容の充実を図ることが重要である。① 一斉学習，② 個別学習，③ 協働学習の点から検討したい。[3]

① 一斉学習

　教師による一斉指導では，ICT を活用する効果的な教材の提示といったこ

第 14 章　ICT 及び教材の活用　　153

とが考えられる。たとえば，電子黒板や情報端末を使い，画像，音声，動画などを提示することで，児童生徒の興味・関心を喚起し，学習意欲を高めることができる。画像を拡大したり，画面に書き込みを入れたり，あるいは，書写などの実演を映したり，動画などで作業方法や実験を例示したりなど，理解しやすくわかりやすい教材の提示が可能になる。

　なお，2020年からデジタル教科書が導入されるが，たとえばその機能としては，以下のものが挙げられる。[(4)]

表14-1　デジタル教科書の機能

拡大機能	画面を大きく拡大して見ることができる
音声再生機能	詩の朗読や英語の読み上げや発音などを聞くことができる
アニメーション機能	アニメーションや動画を見ることができる
参考資料機能	教科書紙面にはない画像や資料を見ることができる
書き込み機能	画面上に線や文字を書くことができる。画面上で，ノート，カード，マップ，ふせんなどに考えを書くことができる
作図，描画機能	画面上で，図を動かしたり数を変えて調べることができる
文具機能	画面上で，分度器やコンパスなどを使うことができる
保存機能	画面への書き込みなどを保存し，また，見ることができる
正答比較機能	正解を画面に出して自分の答えと比べたり，発音を音声認識して自動チェックしたりすることができる

② 個別学習

　一人ひとりの子供たちの教育ニーズに応え，個に応じた指導を進めていくうえで，ICTの活用は効果的である。たとえば，個別学習を促すために，ドリルソフトを利用して習熟の程度に応じた学習をしたり，ICT機器を活用して活動の様子の記録・再生をして自己評価し改善していく学習をしたりするなどの工夫が考えられる。調査活動においては，インターネットを活用した情報収集をしたり，観察における写真や動画で記録したりするなどの活用がある。あるいは，表現・制作についても，新聞など作品，CMの制作など，情報機器を

活用することで，魅力的な作品をつくり出すことができる。

③ 協働学習

協働的な問題発見・解決の力が求められる中で，ICTの活用は効果が高い。タブレットPCや電子黒板等を活用し，発表や話し合い，協同での意見整理，協働制作など，ICTを道具としたグループ活動が工夫できる。また，インターネットを活用すれば，海外や遠隔地の学校との交流も可能である。

なお，ここでは，一般的な活用のポイントを取り上げたが，学習指導要領には，教科領域ごとに教育内容に応じたICTの効果的な活用例が提案されている。

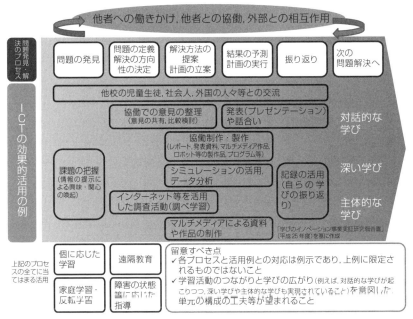

図14-1 アクティブ・ラーニングの視点に立った学習プロセスにおけるICTの効果的活用の例

（出典）文部科学省「答申」別紙，2016年，15頁をもとに作成。

第14章 ICT及び教材の活用　155

(2) 学習指導の準備と評価のための教員によるICT活用

ICTの活用は，教材研究などの授業の準備や学習評価などにおいても効果的である。教材の作成にあたっては，デジタルカメラ，デジタルビデオカメラなどを使ったデジタルコンテンツの作成，インターネット，百科事典のDVD，デジタルテレビ放送などのコンテンツの活用などが考えられる。また，プリントや提示資料を作成するために，ワープロソフト，プレゼンテーションソフトなどを活用することも考えられる。

学習評価については，表計算ソフトなどを活用した成績の管理，コンピュータ，デジタルカメラなどを用いて児童生徒の作品を記録し集積したポートフォリオによる学習状況の把握などに活用できる。

(3) 校務の情報化

校務の情報化を進めるには，日常的に使用可能なICT機器や情報システムを整備して，学校や教室でのICT環境を整えることが重要である。情報化を進める教育委員会や学校へのサポート体制が求められる。

3. 情報活用能力の育成

新学習指導要領においては，情報社会が進化する中で，情報や情報機器を適切に選択し活用して，問題発見・開発することが不可欠になってきており，小中高を通して，情報活用能力の育成が一層重視されるようになっている。

(1) 情報活用能力とは

情報教育とは，子供たちの情報活用能力の育成を図る教育をいう。ここで，情報活用能力は，「世の中の様々な事象を情報とその結び付きとして捉えて把握し，情報及び情報技術を適切かつ効果的に活用して，問題を発見・解決したり自分の考えを形成したりしていくために必要な資質・能力」であり，生きる

力の重要な要素といえる。プログラミング的思考や，情報モラル，情報セキュリティ，統計等に関する資質・能力も含まれる。

　情報活用能力についてはこれまで，情報教育の目標の3つの観点が設定され，その育成がめざされてきた。新しい学習指導要領では，教育課程を通じて，さらに体系的に学んでいくために，情報活用能力を構成する資質・能力を，「知識・技能」，「思考力・判断力・表現力等」，「学びに向かう力・人間性等」の3つの柱に従って，以下のように整理されている。[5]

> **知識・技能**：情報と情報技術を活用した問題の発見・解決等の方法や，情報化の進展が社会の中で果たす役割や影響，情報に関する法・制度やマナー，個人が果たす役割や責任等について，情報の科学的な理解に裏打ちされた形で理解し，情報と情報技術を適切に活用するために必要な技能を身に付けていること。
> **思考力・判断力・表現力等**：様々な事象を情報とその結びつきの視点から捉え，複数の情報を結びつけて新たな意味を見出す力や，問題の発見・解決等に向けて情報技術を適切かつ効果的に活用する力を身に付けていること。
> **学びに向かう力・人間性等**：情報や情報技術を適切かつ効果的に活用して情報社会に主体的に参画し，その発展に寄与しようとする態度等を身に付けていること。

(2) 情報活用能力の育成

　情報教育は，教育課程全体を通して実施されるが，とくに，小学校でのプログラミング教育，中学校での技術・家庭科「情報に関する技術」，高等学校「情報科」において，発展的に取り扱われる。

　情報活用能力の育成にあたっては，発達の段階に応じて，コンピュータやインターネットなどの情報手段の基本的な操作技能を確実に習得し，適切に活用

第14章　ICT及び教材の活用　　157

高等学校卒業までに全ての生徒に育むべき情報に関わる資質・能力

個別の知識・技能 (何を知っているか，何ができるか)	・(思考や創造等に活用される基礎的な情報としての) 教科等の学習を通じて身に付ける知識等 ・情報を活用して問題を発見・解決したり考えを形成したりする過程や方法についての理解 ・問題の発見・解決等の過程において活用される情報手段(コンピュータなど)の特性についての理解とその操作に関する技能 ・アナログ情報とディジタル情報の違い (Web サイトと新聞や書籍等により得られる情報の早さや確かさの違い) など，情報の特性の理解 ・コンピュータの構成や情報セキュリティなど，情報手段の仕組みの理解 ・社会の情報化と情報が社会生活の中で果たしている役割や及ぼしている影響の理解 ・情報に関する法・制度やマナーの意義についての理解
思考力・判断力・表現力等 (知っていること・できることをどう使うか)	・情報を活用して問題を発見・解決し新たな価値を創造したり，自らの考えの形成や人間関係の形成等を行ったりする能力 －目的に応じて必要な情報を収集・選択したり，複数の情報を基に判断したりする能力 －情報を活用して問題を発見し，解法を比較・選択し，他者とも協働したりしながら解決のための計画を立てて実行し，結果に基づき新たな問題を発見する等の能力 －相手の状況に応じて情報を的確に発信したり，発信者の意図を理解したり，考えを伝え合い発展させたりする能力など ・問題の発見・解決や考えの形成等の過程において情報手段を活用する能力
学びに向かう力，人間性等 (どのように社会・世界と関わりよりよい人生を送るか)	・情報を多角的・多面的に吟味しその価値を見極めていこうとする情意や態度等 ・自らの情報活用を振り返り，評価し改善しようとする情意や態度等 ・情報モラルや情報に対する責任について考え行動しようとする情意や態度等 ・情報や情報技術を積極的かつ適切に活用して情報社会(情報の果たす役割が一層重要になっていく社会) に主体的に参画し，より望ましい社会を構築していこうとする情意や態度等

高等学校基礎学力テスト(仮称)

改善のためのPDCAサイクル

「情報科」
◎情報や情報技術を問題の発見と解決に活用するための科学的な考え方等を育てる
○ ①情報と情報技術及びこれらを活用して問題を発見・解決するための方法と情報社会についての理解と，情報技術を適切に活用するための技能を養う
②問題の発見・解決に向けて情報技術を適切かつ効果的に活用する力を養う
③情報を適切に活用するとともに，情報社会に主体的に参画し，その発展に寄与しようとする態度を養う

【高等学校】(各教科等)
◎情報社会への主体的な参画に向けて，問題を発見・解決したり自らの考えを形成したりする過程や，情報手段等についての知識と経験を，科学的な知として体系化していくようにするなど，発達段階に応じた資質・能力を高等学校教育の本質的な学びを深める中で身に付ける

(技術・家庭科「情報に関する技術」)
計測・制御やコンテンツに関するプログラミングなど，ディジタル情報の活用と情報技術を中心的に扱う

【中学校】(各教科等)
◎情報を効果的に活用して問題を発見・解決したり，自らの考えを形成したりする経験や，その過程で情報手段を活用する経験を重ねつつ，抽象的な分析等も行えるようにするなど，発達段階に応じた資質・能力を中学校教育の本質的な学びを深める中で身に付ける

【小学校】(各教科等)
◎様々な問題の発見・解決の学習を経験しながら，そこに情報や情報手段が活用されていることや，身近な生活と社会の情報化との関係等を学び，情報や情報手段によさや課題があることに気付くとともに，情報手段の基本的な操作ができるようにするなど，発達段階に応じた資質・能力を小学校教育の本質的な学びを深める中で身に付ける

【幼稚園】
幼児教育において培われる基礎(言葉による伝え合い，様々な表現等)

社会との連携(外部が提供する学習プログラムとの連携や社会人講師との連携など)

図 14-2　小中高を通じた情報教育の位置づけ

(出典) 文部科学省情報ワーキンググループ「総則・評価特別部会　資料 5」，2016 年 4 月，2 頁。

できるように指導する。また，スマートフォンやSNSの普及に伴いトラブルも増加する中で，情報を取り扱う基本的なルールやマナー，情報社会における役割や責任を果たす情報モラルを培っていく。さらに，コンピュータの働きを，よりよい人生や社会づくりに生かそうとする情意や態度を涵養していく。

新学習指導要領においては，小学校からプログラミング教育が導入されることになった。小中高を通して，「プログラミング的思考」（自分が意図する一連の活動を実現するために，どのような動きの組合せが必要であり，一つひとつの動きに対応した記号を，どのように組み合わせたらいいのか，記号の組合せをどのように改善していけば，より意図した活動に近づくのか，といったことを論理的に考えていく力）を育成することになったのである。

発達の段階に即して，小学校では，身近な生活でコンピュータが活用されていることや，問題の解決には必要な手順があることに気づくこと，中学校では，社会におけるコンピュータの役割や影響を理解するとともに，簡単なプログラムを作成できるようにすること，高等学校では，コンピュータの働きを科学的に理解するとともに，実際の問題解決にコンピュータを活用できるようにすることがめざされている。

また，高等学校では，共通必履修科目としての「情報Ⅰ」が設けられ，問題の発見・解決に向けて，事象を情報とその結びつきの視点から捉え，情報技術を適切かつ効果的に活用する力をすべての生徒に育むことがめざされることになった。その基礎に立ち，情報システムや多様なデータを適切かつ効果的に活用する力や情報コンテンツを創造する力を育む選択科目としての「情報Ⅱ」が設けられた。

4. 単元指導計画の作成要領（⑧ 学習活動・支援の構想）

学習活動の構想にあたっては，資質・能力の育成をめざして，13章で検討したアクティブ・ラーニング及び本章でみてきたICTの活用などを積極的に

取り入れることが必要であろう。

さて，単元指導計画の設定要領の続きとして，ここでは，⑧学習活動・支援の構想について考えたい。②の学習活動の大枠（第10章参照）を考慮しながら，「学習過程と評価計画」中の「学習活動」及び「支援」を記述する。事例では，KJ法を指導し自分の考えを構造化させるといった思考力を高める活動，あるいは，グループで検討し合うといった学び合いの活動を取り入れている。

学習活動の記述にあたっては，子供たちが行う活動の概要を，たとえば，……を話し合う，調べる，考える，確かめる，まとめる，発表する，などの子供の活動の形で簡潔に記入することにする。

また，支援（内容・方法）では，子供の活動に対して教師がどういった支援をするか，また，指導上留意すべきことがらは何なのかを，…指示する，助言する，説明する，指導する，留意する，記入する，などの形で記述する。

表14-2　学習過程と評価計画のフォーマット

学習活動	支援 （方法・内容）	評　価　規　準			評価 資料
		主体的 に学習 に取り 組む態 度	思考・ 判断・ 表現	知識・ 技能	
5.　調べたことをレポートにまとめる。 (1) KJ法について学ぶ。(1)	・KJ法（ブレーンストーミングをして頭に浮かんだことをカードに書き出しそれらをまとまりごとにグルーピングする発想法）のやり方を指導する。				
(2) KJ法を活用して，レポートを書く。(3)	・KJ法の手順に従って，付箋紙を使い，並べ替えながら自分の考えを構造的にまとめさせる。 ・グループで発表し合わせ，それぞれの改善点を検討させる。 ・改善点を踏まえ，論理的な展開に気をつけさせながら，レポートを書かせる。	①	②	②	レポート

おわりに

　情報化が急速に進展する中で，授業や学習において ICT を効果的に活用すること，学校の ICT 環境を整備して校務の情報化を進めること，児童生徒の情報活用能力を育成することが大きな課題となっている。

　日本では，社会の情報化が急速に進展する一方で，学校の情報化は大きく立ち遅れている現状にある。これからの加速する技術革新に対応していくためにも，いつでもどこでも必要に応じて ICT が活用できるような環境を整備するとともに，そうした環境において最大限に効果を上げることのできる能力を培うための学びのイノベーションを実現していくことがきわめて大きな課題となっている。

演　習

・ICT をいかに活用して，授業のデザインを工夫するのかを考えよう。
・情報活用能力とは何かについて，具体的に考えよう。

注

(1)　文部科学省「教育の情報化に関する手引」，2010 年 10 月，2 頁。

(2)　文部科学省「2020 年代に向けた教育の情報化に関する懇談会（最終まとめ）」，2016 年 7 月 28 日，13 頁。

(3)　文部科学省「学びのイノベーション事業実証研究報告書」，2014 年 4 月 11 日，101-112 頁。

(4)　文部科学省，2016 年，前掲資料，159 頁。

(5)　文部科学省「幼稚園，小学校，中学校，高等学校及び特別支援学校の学習指導要領等の改善及び必要な方策等について（答申）」別紙，2016 年 12 月 21 日，7 頁。

第15章
真正の評価の考え方・進め方

本章のポイント

- 測定中心の評価から真正の評価への転換が必要である。
- 評価の目標を教師と子供が目標に照らして学力形成の状況をモニターし，そのフィードバック情報をもとに指導や学習の改善を進めることで，ともに目標の実現をめざしていくことが求められる。
- 資質・能力を育む評価では，パフォーマンス課題，ポートフォリオ，ルーブリックの活用が効果的である。

　新学習指導要領においては，資質・能力の育成が中心的な課題になっており，テスト中心の評価だけではなく，「真正の評価 (authentic assessment)」を重視することが求められる。今回の改訂では，カリキュラム・マネジメントと主体的・対話的で深い学び (アクティブ・ラーニング) が重視されているが，資質・能力を育てるためには，教育評価の果たす役割もまたきわめて大きい。

　何を知っているかは，テストを通して把握することが可能である。教えた内容がどれだけ身についたかどうかをテストすればそれですむ。しかし，何ができるかになると，ある状況における実際のパフォーマンスを捉えることが必要になる。

　本章では，従来の測定中心の評価から問題解決を重視する真正の評価への転換が必要であることを指摘するとともに，資質・能力を育む評価の考え方や進め方について検討したい。

1. 真正の評価とは

　新学習指導要領で求められる評価は，一言でいうと「真正の評価」ということになるだろう。「真正な」とは，「にせもの」ではなく「本物」であること，「虚偽」ではなく「根拠のある」「信頼できる」ことなどを意味する。

　真正の評価は，学力形成を学習場面と切り離された1回きりのペーパーテストで表面的に診断する「標準テスト」に対する批判から生まれたものである。[1]

　標準テストは第一に，あらかじめ答えの決まった問題をすばやく表面的に解く能力を捉えるのみで，思考力，判断力，表現力などを含めた学力を総合的に測定することができない。

　第二に，標準テストは，関連のないばらばらな知識の記憶と再生を求めるが，それは，有意味で目的的なコンテクストで，既知の事象にこれから知ろうとする事象を関連づけて学ぶといった今日的な学習観に基づいていない。

　第三に，標準テストは，結果責任を問われれば問われるほど，授業はテストの準備へと傾斜する一方で，プロジェクトや実験，グループでの協働学習，体験的，問題解決的な学習活動などは削られ，カリキュラムの幅を狭めてしまう。

　第四に，標準テストは，学習結果としての知識の量を測る限定的な評価なので，別の課題や他の状況での成績を予測したり，なぜそのような点数をとったのかの理由を捉えたりすることが難しい精度の低い診断の道具である。

　このように，真正の評価は，標準テストのみによって学力診断をすることの問題を浮き彫りにし，その代替として，子供の作業実績をもとにした「信頼できる」評価を推進する試みといえる。

2. 測定中心の評価から問題解決の評価へ

　真正の評価を基礎に，これからの評価のあり方として，測定評価から問題解決評価へと展開する意義について考えたい。[2]

第15章　真正の評価の考え方・進め方　　163

(1) 従来型の測定中心の評価観の問題点

　これまでの教育評価の考え方は，単元指導計画を作成して，その計画に従って実践し，子供の学習の結果として習得された知識の量の多少についてテストにより測定するという考えが主流であった。従来型の教育評価においては，テストをして成績をつける測定（テスト）＝評価という測定評価観に立っていたといえる。

単元の計画　→　実施　→　評価（テスト）

図 15-1　従来型の評価

　しかし，こうした測定（テスト）＝評価観は，2つの大きな問題をはらんでいた。第一に，学力形成の一側面しか捉えられない。すなわち，テストでは，あらかじめ答えの決まった問題をすばやく表面的に解く能力といった学力の一側面しか測ることができない。したがって，資質・能力といった知識や技能だけではなく態度を含む人間の能力の全体像を総合的に捉えることは難しい。

　第二に，学習の結果のみが問題にされるため，評価を指導や学習の改善に生かすことができない。すなわち，これまでの評価では，計画→実施→評価という流れに沿って，単元終了時に評価が実施されることになる。そのため，教師にとっては，子供がどこでつまずいたか，指導の何に問題があったかなどの情報は得られない。一方，子供にとっても，自らの学習のつまずきや問題点を学習活動のプロセスの中で把握することができない。したがって，従来型の評価では，フィードバック情報が得られないため，指導や学習の見直しにはつながらないのである。

(2) 問題解決評価観とは

　ここでは，これからの教育評価のあり方として，デューイの「価値づけの理論（theory of valuation）」に着目し，問題解決評価観という立場をとることに

する。

　私たちは，何らかの問題的場面に直面すると，その状況を解消するために，手がかりとなる情報を集め，その有効性を値踏みしながら価値判断を下している。こうした問題的場面を解決するために価値判断を行う行為をさして「問題解決評価」と呼ぶことにする。すなわち，これからの教育評価のあり方を，学習者のパフォーマンスを包括的に捉え，その情報をフィードバックして，教師と児童生徒がともに目標の達成に向けた価値判断を下す実践として捉えるのである。

　図15-2のように，教師にとっては，目標達成をめざした指導と評価の一体化の観点から，単元の計画→実施→評価（多様な資料を活用して）→フィードバック（指導の改善）→単元の計画→実施……のサイクルを動かす。子供にとっては，目標達成をめざした自己学習力の向上の観点から，単元の計画→実施→評価（多様な資料を活用して）→フィードバック（学習の改善）→単元の計画→実施……のサイクルを動かす。これらのサイクルを実現する評価のあり方を構想するのである。

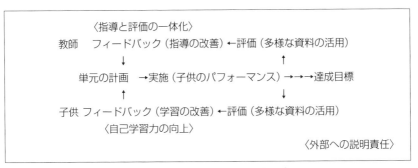

図15-2　これからの評価の在り方

　例として，教師は陸上競技のコーチ，子供は選手の役割をイメージしてみたい。すなわち，教師はコーチとして，100メートル12秒を切るといった達成目標を子供とともに設定し指導計画を立てる。そして，練習を進めていく過程

でタイムやビデオ映像等をもとに子供のパフォーマンスを評価し，その評価結果をフィードバックして計画を見直し，自らの指導を改善して目標の達成をめざす。

一方，子供もまた選手として，設定した目標をめざして自らも練習計画を立てる。そして，自分自身のタイムやビデオ映像などのデータをもとに自己評価を行い，その結果をフィードバックして計画を見直し改善して，目標達成に挑んでいく。

このように，教師と児童生徒がともに目標を実現するという問題解決に生かした評価が求められているといえる。こうした評価のあり方は，形成的評価，指導と評価の一体化，自己評価力の向上などの言葉でこれまでも指摘されてきたが，資質・能力の育成が焦点となる中で，今後ますます重要になるだろう。

(3) 問題解決評価のめざすもの

問題解決評価の主要な特徴として，以下の2点が挙げられる。

第一に，問題解決評価では，テストのみによる測定ではなく，多種多様な評価情報・資料を活用する。すなわち，学習の過程で生み出されるノート，ワークシート，作文，作品，パフォーマンス，録音テープ，ビデオ，観察記録，テストなどの評価資料・情報を使い，子供の学力形成の全体像を多面的，総合的に捉える「真正の評価」をめざす。

第二に，問題解決評価においては，プロダクト評価だけではなくプロセス評価を重視する。教師は，目標の達成をめざして，評価を指導の改善に生かすことが重要になってくる。言葉を換えれば，子供の学力形成を包括的に捉えて，その評価結果をもとに，指導と評価の一体化を図っていくプロセス評価がめざされることになる。他方で，単元の学習指導を終えて，総括的評価も重要である。プロダクト評価を行い，通知表，指導要録などの形で，保護者など外部への説明責任を進めていくことも引き続き重要である。

これからの評価をデザインするにあたっては，教師と子供が評価規準に照ら

して学力形成の状況をモニターし，フィードバック情報をもとに指導や学習の改善を進めるとともに，学びの全体像を捉えるポートフォリオを外部へ開示して説明責任を果たしていくことが求められる。

3. 資質・能力を育む教育評価の進め方

では，どのように子供の学びを評価していけばよいのだろうか。問題解決評価観に立ち，以下の3つの手法を活用することが効果的である。

> (1)「パフォーマンス課題」を活用する。
> (2) 評価計画を立て，「ポートフォリオ」をつくる。
> (3) 客観的な評価をめざし，「ルーブリック」を活用する。

(1) パフォーマンス課題の活用

これからの評価を進めるアイデアのひとつめは，パフォーマンス課題を活用することである。パフォーマンス課題は，第11章で検討したように，児童生徒にとってリアルな課題や切実な問題であり，社会で実際に向き合うようなオープンエンドの問題で，学ぶ意味がわかる課題でもある。

資質・能力を評価するには，「何ができるか」といった行為や行動そのものを把握することが必要になる。そのための効果的なツールとして，パフォーマンス課題を活用することが考えられる。パフォーマンス課題は，児童生徒のパフォーマンスの形で必要とされる資質・能力目標を明確にでき，また，その課題を実際に行うことで，資質・能力の形成状況を把握することを可能にする。

(2) 評価計画に基づくポートフォリオの作成

これからの評価を進めるアイデアの2つめは，評価計画を立て，ポートフォリオを作成することである。

評価にあたっては，テストだけでなく，学習の過程で生まれるさまざまな資料や情報を活用して，真正（まるごと）の学力形成を捉えることが重要である。それを可能にする評価の手法として，計画的に時系列に沿って児童生徒の作業実績や作品を収集するポートフォリオが考えられる。

　ポートフォリオ評価は，真正の学力形成を捉えるストラテジーである。評価計画をもとに，計画的に時系列に子供の作業実績や作品を収集してポートフォリオをつくり，子供の包括的な学力形成を捉える。収集する評価資料・情報についてはたとえば，評価方法を簡単と複雑，筆記と実演の軸で整理すると，図

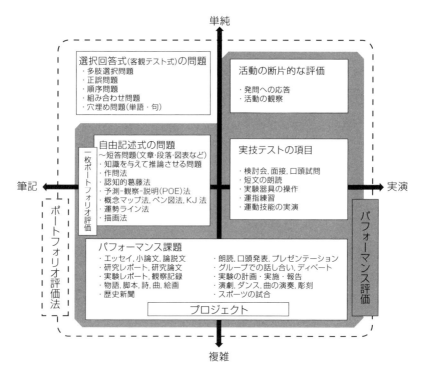

図 15-3　ポートフォリオ評価と評価資料・情報

（出典）西岡加名恵「パフォーマンス課題の作り方と活かし方」西岡加名恵・田中耕治編著『「活用する力」を育てる授業と評価　中学校』学事出版，2009 年，9 頁。

15-3のように整理される。

　資質・能力の形成を包括的に捉えるためにも，いかなる評価資料をどのように収集していくかの評価計画を立て，児童生徒の作品やパフォーマンスの記録を収集したポートフォリオを作成していくことが効果的だと思われる。

(3) 客観的な評価をめざしたルーブリックの活用

　これからの評価を進めるアイデアの３つめは，客観的な評価をめざし，ルーブリック（評価基準表）を活用することである。

　パフォーマンスの評価では，テストの点数のような形で明確に評価結果を示すことは難しい。そのため，多様な資料や情報を評価対象にすると，評価の信頼性や妥当性をいかに担保するのかが課題となる。

　たとえば，フィギュアスケート，体操競技をイメージしていただきたい。審査委員は，選手のパフォーマンスを勘とか印象とかで評価しているわけではない。あらかじめ設定しておいた評価の観点と判断基準からなるルーブリックをもとに得点を出しているのである。

　ルーブリックとは，評価基準表，評価指針等と訳されるが，あらかじめ評価基準を設定しておくことで，評価の客観性を実現していこうとする評価ツールである。ルーブリックは，子供の学力形成を把握するものさしとして，多様な評価資料・情報を得点化していくための指針となるものである。評価の客観性を高めるためにも，ルーブリックの活用が効果的であるといえる。

　なお，新しい教育課程においては，教育評価にあたっては，パフォーマンス評価を取り入れて多面的な評価を実施していくことが推奨されている。ペーパーテストの結果だけではなく，論述，レポートの作成，発表，グループでの話し合い，作品の制作等といった多様な評価資料・情報に基づいて，学力形成を包括的に把握する重要性が指摘されている。また，日々の記録やポートフォリオ等を通して，子供たちが自らの学習状況を把握し，振り返ることができるよ

うな自己評価の力を培っていくことも大切であると考えられている。

4. 単元指導計画の作成要領（⑨評価計画の構想，⑧ルーブリックの設定）

(1) 評価計画の書き方

　ここでは，単元の評価規準の実現状況を学習過程レベルで捉える評価計画の書き方について考えたい。

　巻末資料2の6をみていただきたい。学習過程と評価計画の枠には，評価規準（主体的に学習に取り組む態度，思考・判断・表現，知識・技能）と評価資料の欄がある。まず，評価規準の欄では，○付き番号の形で示した各評価規準を，いつどこで評価するかを考慮に入れて該当する箇所にプロットする。また，どのような評価資料・情報を用いて評価するのかを「評価資料」の欄に，具体的に記述する。留意事項には，たとえば，以下の点が挙げられる。

①評価規準は，学習過程のどこかで1回は評価する。
②1つの評価資料で，複数の評価規準の評価ができる。
③評価場所が学習活動によって決まるところから，まず○付番号を書き入れてみる。
④学習活動の全体を見通して，評価の場所や回数を調整する。

(2) ルーブリックの書き方

　ルーブリックは，巻末資料2の7にあるように，「学習活動」「評価規準」「学習活動における具体的な評価規準」「評価資料」「評価基準」の各欄によって構成されている。

　評価基準の設定にあたっては，現行の指導要録にみられるABCの3段階尺度を採用し，評価資料から判断して，A（十分満足）とみなされる場合には3

点，B（おおむね満足）の場合には2点，C（努力を要する）の場合には1点とする。なお，B以上を合格の目安とする。「評価基準」欄については，A（3），B（2），C（1）の3つに区分する。記述にあたっての留意事項には，たとえば，以下の点が挙げられる。

① 評価規準に対応させて評価基準を書く。
② B基準（おおむね満足）から考える。それができていない状態がC，Bより質的に高い状況がAとする。
③ 具体的な評価規準は，全体で1回評価する場合は，評価規準そのままを書く。2回以上評価する場合は，場面に応じて記述する。
④ だれもが判断のできる評価基準をめざす。
・事実的・行動的な表記（……している）にする。
・抽象的な形容詞（わかりやすく，意欲的に……）は使用しない。

おわりに

　新学習指導要領でめざされるこれからの評価は，児童生徒のパフォーマンスを包括的に捉える真正の評価ということになるだろう。資質・能力の育成が求められる中で，問題解決評価観に立ち，子供の資質・能力形成をさまざまな評価資料・情報に基づき総合的に把握して，その結果を指導や学習の改善に生かしていく評価を進めていくことが期待されている。新しい教育課程でめざされている資質・能力の育成を実現するためにも，パフォーマンス課題，ポートフォリオ，ルーブリックといった手法を活用しながら，これからの評価のあり方を構想していくことが今求められているのである。

演 習

・評価とは何か，評価の目的にはどのようなものがあるかを考えよう。
・第10～14章で構想してきた指導計画に対応させ，作成要領をもと
　に，評価計画を構想しよう。

注

(1) L. Darling-Hammond, J. Ancess & B. Falk. *Authentic Assessment in Action.*
Teachers College Press, 1995, pp.6-7.

(2) 高浦勝義『問題解決評価—テスト中心からポートフォリオ評価へ』明治図書，2002
年。

資　料

資料 1　総合的な学習の時間の内容系列表

	小学校 3, 4 年生	小学校 5, 6 年生
	気づき，関心をもつ	自分の視点をもって見る
横断的・総合的な課題（国際理解） a　異文化理解及び異文化尊重の態度を育てる。 b　共生（国際交流・協調）していく資質や能力をはぐくむ。 c　自国の歴史や文化の理解を深めるとともに，自己の確立を図る。 d　外国語によるコミュニケーション能力を高める。	a　外国の文化や人に進んで親しもうとする。 b　共に活動することを通して人とのかかわり方を学ぼうとする。 c　郷土の文化や先人の偉業，歴史について調べ，興味・関心を持とうとする。 d　外国語に興味・関心を持ち，歌や言葉を覚えようとする。	a　世界中の国々に様々な文化や特色があることを知り，視野を広げようとする。 b　いろいろな考えを持った人々と積極的に交流しようとする。 c　日本の歴史や伝統，文化について学び，大切にしようとする。 d　外国語による簡単な日常会話に慣れ親しもうとする。
横断的・総合的な課題（環境） a　様々な体験活動を通して，自然に対する感受性や環境への関心を高める。 b　環境問題と生活様式とのかかわりについて理解を深める。 c　環境保全やよりよい環境創造のために，主体的に行動する実践的な態度を育てる。	a　身近な自然環境に興味を持ち様々な事象があることに気づく。 b　自分たちの生活と周りの環境との間には，いろいろな関連性があることに気づく。 c　自分たちの直接かかわれる範囲で，地域の環境保全に積極的にかかわろうとする。	a　生き物と環境との調和について関心を持ち，自然や環境との共存・共栄について考える。 b　環境とのかかわりにおいて日常の自分たちの生活を見直し，関連性について考える。 c　身近な自然環境に積極的にかかわり，自分たちを取り巻く環境を大切に守ろうとする。
横断的・総合的な課題（福祉・健康） a　他者への尊重・尊敬・思いやりなどの豊かな人間性をはぐくむ。 b　高齢社会の特質・問題点を理解し，介護・福祉などの課題について考える。 c　健康で安全な生活について理解を深め，実践することができる能力や態度を育てる。	a　身の回りには，様々な人がかかわり合いながら，共に生きていることに気づく。 b　身近にいる高齢者の人たちと共に活動する機会を通じて，温かい気持ちで接するようとする。 c　健康な生活を送るために必要な事柄に関心を持ち，健康的な習慣・態度を身に付ける。	a　日々の生活が，人々の支え合いや助け合いで成り立っていることに気づく。 b　高齢者の福祉施設を見学したり，高齢者との交流を通して，高齢社会の抱える課題について考える。 c　健康を維持していくために，よりよい生活環境を創造しようとする態度を身に付ける。
児童生徒の興味・関心に基づく課題 a　芸術・芸能作品の創造や鑑賞を通して，情操豊かな生活を過ごす素地を養う。 b　興味・関心のある事物に対し，それを表現したり製作したりする活動の楽しさやおもしろさを味わい，深める。 c　遊び・興味・娯楽にかかわる活動の楽しさやおもしろさを味わい，深める。 d　自分の価値観を確立し，職業観・労働観を広げる。	a　様々な芸術・芸能作品にふれる機会を通して，それらへの興味・関心を持つ。 b　様々な表現活動や製作活動に意欲的に取り組もうとする。 c　様々な遊びや娯楽にかかわる活動を通して，それらへの興味・関心を高める。 d　地域の人たちの仕事や働く姿から，様々な職業に関心を持つ。	a　興味のある芸術や芸能に直接触れたり，情報による体験をしたりして，生活を潤いあるものにする態度と習慣の素地を育てる。 b　自分に興味・関心のある表現活動や製作活動の体験を通して，その楽しさやおもしろさを味わおうとする。 c　自分の興味・関心のある遊びや娯楽にかかわる活動を通して，その楽しさやおもしろさを味わう。 d　各種産業と国民生活との関連を理解し，働くことの意義を考える。
地域や学校の特色に応じた課題 a　地域の伝統・文化・行事・生活習慣・政治・経済・産業などの現状や問題点を理解する。 b　地域や学級，学校で生じる生活上の問題について，各人なりの解決・進展に努めようとする。 c　地域や学校での行事などを通して，自他を尊重しつつ協力的に取り組もうとする態度を育てる。	a　地域の身近な行事などに興味・関心を持とうとする。 b　地域社会や学校生活で生じた問題について，フィールドワーク等の活動を通して，その解決にあたろうとする。 c　地域や学校での行事・活動に進んでかかわり，参加しようとする。	a　地域の伝統や歴史，更には，地球の現状や問題点等について理解を深めようとする。 b　学校生活の中で生じた問題や課題について，自己とのかかわりにおいて解決の方向性を探ろうとする。 c　地域や学校での行事・活動に進んでかかわり，他の人たちと協力しながら，よりよい行事・活動にするため工夫しようとする。

（出典）四日市市立教育センター『研究調査報告第315集　総合的な学習の研究（1年次）』2000年3月，17-18頁。

174　　資　　　料

中学校1, 2年生	中学校3年生以上
深さ・広がりを知る（科学的歴史的理解）	より深く広くとらえる
a　他の国の文化や歴史への関心を高めるとともに，正しい理解に努めようとする。 b　異なる考えや立場の人や外国の人と協調し活動しようとする。 c　日本人としての自覚を持って自国を見つめようとする。 d　外国語によるコミュニケーションを積極的に図ろうとする。	a　他の国の文化や伝統を尊重しようとする。 b　外国の人と積極的に交流を図り，親善に努めようとする。 c　これからの国際社会の中で果たすべき，日本や日本人の役割について考えようとする。 d　外国語で意思の疎通ができるようにする。
a　新しい視点や論理で身近な自然環境を見直すとともに，産業と自然や環境とのあるべき姿を考える。 b　生産・流通・消費といった人間の生活の営みが，様々な面で環境に影響を及ぼしていることを理解する。 c　環境に配慮した生活スタイルを身につけ，家庭や地域で実践しようとする。	a　地球規模での環境問題や自然破壊等に触れることにより，環境問題について総合的に思考・判断できるようにする。 b　人間の生活と環境との関連性を幅広くとらえ，環境に対する人間の責任や役割について理解する。 c　身近な環境を保全しよりよい環境を創造するために，自分たちでできることを行動に移そうとする。
a　いろいろな人との交流を通して，互いの違いを認め合い，他者を思いやり大切にしようとする。 b　高齢社会の現状や問題点をとらえるとともに，ボランティア活動の体験等を通して，福祉に対する認識を深める。 c　生命の尊さを理解し，健康な生活を維持していくための実践力を身に付ける。	a　他者を思いやり，共に生きる社会の一員としての自覚を高めようとする。 b　高齢化問題を自らの課題としてとらえ，介護・福祉等の在り方について考える。 c　自他の生命を尊重し，生涯にわたり健康な生活を維持する実践力を身に付ける。
a　芸術や芸能を愛好する心情を持ち，心豊かな生活を創造しようとする。 b　表現したり製作したりする活動をさらに創意工夫することにより，楽しさやおもしろさを倍増させようとする。 c　趣味や娯楽などの楽しさを味わうことを通して，生活を潤いのあるものにしようとする。 d　職業調べや職業体験を通して自らの適性を知り生き方を探る。	a　芸術・芸能作品の創造や鑑賞を通して，生涯にわたって情操豊かな生活を送ろうとする素地を養う。 b　自分の興味・関心のある表現方法や製作活動を楽しむことを通して，より豊かで個性的な発想や想像ができるようにする。 c　趣味や娯楽などの楽しさを味わうことを通して，個性を生かした生き方を求めようとする。 d　より充実した生き方を求め自分の進路を切りひらこうとする。
a　地域の専門家や様々な立場の人の意見を聞いたり，情報を収集したりして，地域や生活上の諸問題について深く理解しようとする。 b　様々な立場の人の意見を聞いたり話し合ったりして，生活上の諸問題に対し，客観的に公平な解決を目指そうとする。 c　学校・学級の一員としての自覚を持ち，協力し合って，生活の向上に努めようとする。	a　地域社会の抱える問題や現状を政治，経済，産業等の動向とからめて，幅広い視野から分析・思考しようとする。 b　地域や学校，生活上の諸問題について，多面的・総合的に判断し，解決しようとする。 c　地域社会の一員として，自他を尊重しつつ，よりよい社会の実現を目指して，その発展に尽くそうとする。

資料2　単元指導計画（例）

○○中学校第3学年　○○タイム単元指導計画

担当者　○○　○○

1.　単元名「チャレンジ・南北問題！－1本のバナナから」（35時間）

2.　単元設定の理由
　（1）子どもの実態
　　生徒たちは，バナナ，エビ，コーヒー，紅茶など，日頃，消費者として口にしているが，それらの食品がどのようにしてつくられているのか，これらの食品をつくる人々がどのような暮らしをしているのかなどについてはほとんど知らない。
　　また，メディアを通して，世界中には貧しい暮らしをしている人々がたくさんいることを知ってはいるが，南北問題が，自分たちに関わる問題とは捉えておらず，ほとんどが自分には関係がないと思っている。
　（2）教師の願い
　　本単元では，バナナの事例をもとに南北問題を学習することを通して，グローバル経済のなかの経済的な不均衡の問題を理解し，公正さについて考えさせることから，自らの問題として「これからの国際社会の中で果たすべき日本や日本人の役割について考えようとする」態度を育てたい（国際理解C）。
　　そのために，まず，何気なく日頃食べているバナナを生産している人々の暮らしを知ることから（問題場面），「南北問題について何ができるかを考えよう」という問題をつくる（問題づくり）。
　　次に，話し合った計画に従って（仮説づくり），本やインターネットで調べたり，現地訪問をしてバナナ園で働くサントスさんやこの問題に取り組むNPOの方の話を聞いたりして，調べたことをレポートにまとめ，自分に何ができるか話し合う（解決策の遂行）。
　　そして，学習を振り返り「身近にできる国際協力」の企画書を書き（まとめの活動），さらに，国連クラス会議において，企画を提案するとともに，自分たちにできる国際協力について話し合う（成果の発表）。
　　これらの活動を通して，南北問題を自分にとって身近な問題として捉え，その解決のために何か行動できる生徒を育てたい。

3.　単元の目標
　　バナナをもとに南北問題について調べ，現地での体験や聞き取り，話し合い活動を行うことなどを通して，南北問題が自分にとって身近な問題であることに気づき，そ

の問題の解決のために何か行動できるようになる。

4. パフォーマンス課題

○年○組で「国連クラス会議」を開くことになりました。あなたは南北問題の解決に貢献できる「身近にできる国際協力」について考え，自分たちにできることをみんなに提案することになりました。そのための説得力ある企画書を作りあげてください。

5. 単元の評価規準

○主体的に学習に取り組む態度

　①南北問題について意欲的に追究しようとする。

○思考・判断・表現

　①バナナを手がかりに南北問題を追究していく問題をつくることができる。

　②南北問題を自分の生活に関連づけて考えることができる。

　③南北問題に対して自分なりにどう関わっていくかを考えることができる。

○知識・技能

　①バナナを生産する人々の貧しい暮らしをもとに，開発途上国の抱える問題を理解することができる。

　②開発途上国の問題は，日本を含めたグローバルな経済的相互依存関係の上に成り立っていることがわかる。

　③話の要点を的確に捉え，効果的にメモをとることができる。

　④論理的なレポートを書くことができる。

6. 学習過程と評価計画

| 学習活動 | 支援（方法・内容） | 評　価　規　準 | | | 評価資料 |
		主体的に学習に取り組む態度	思考判断表現	知識技能	
1. バナナを生産する人々の暮らしを知ることから，問題をつかむ。 　(1) バナナを生産する人々の暮らしを知る。(3時間)	・バナナを準備して，それがだれによってどのようにして作られているのかを想像させる。 ・スライドをもとにバナナ農園で働く人々の暮らしぶりを紹介しながら，貧しい生活を送っていることに気づかせる。 ・多国籍企業とバナナの価格構成についての資料から，経済格差について考えさせる。			①	ワークシート1

資料2　単元指導計画（例）　　177

(2)「南北問題について何ができるかを考える」という問題をたてる。（1時間）	・バナナを生産する人々のおかれた状況から，単元で追究する問題を話し合わせる。	①		ワークシート2
2. 問題を解決するための解決策を考え，計画を立てる。（1時間） ・本やインターネットで調べる。 ・生産者の話を聞く。 ・現地訪問する。	・南北問題について調べ，自分たちに何ができるかを知るために，どのような計画を立てればいいかについて，これまでの学習を想起させながら考えさせる。			
3. 南北問題について，本やインターネットで調べる。（3時間）	・先進国と開発途上国の経済格差，グローバル経済，多国籍企業などのキー概念に注目させ，南北問題とは何か，その原因や解決策などについて調べるよう促す。	①		調べ学習の観察
4. 現地訪問する。 　(1) バナナの生産を体験する。（15時間）	・オリエンテーションに十分時間を取り，注意事項を熟知させる。 ・安全に十分留意させながら，バナナを生産する作業を体験させる。 ・体験したことを振り返り，感想をまとめさせる。	①	①	作業場面の観察
(2) 生産者のお話を聞く。（2時間）	・質問事項を事前に準備させるとともに，効果的な質問ができるように助言する。 ・メモのとり方について以前学習した留意事項を確認し，生産者のお話のメモをとらせせる。		③	メモ帳
(3) NPOの方のお話を聞く。（2時間）	・生産者に話を聞いた時を振り返り，質問事項を事前に準備させるとともに，効果的な質問ができるように助言する。 ・メモのとり方の留意事項を踏まえ，NPOの方のお話のメモをとらせる。		③	メモ帳
5. 調べたことをレポートにまとめる。 　(1) KJ法について学ぶ。（1時間）	・KJ法（ブレーンストーミングをして頭に浮かんだことをカードに書き出しそれらをまとまりごとにグルーピングする発想法）のやり方を指導する。			

(2) KJ法を活用して，レポートを書く。(3時間)	・KJ法の手順に従って，付箋紙を使い，並べ替えながら自分の考えを構造的にまとめさせる。 ・グループで発表し合わせ，それぞれの改善点を検討させる。 ・改善点を踏まえ，論理的な展開に気をつけさせながら，レポートを書かせる。	①	②	④	レポート
6. 南北問題について学習したことをまとめ，発表する。 (1) 学習したことをもとに，自分たちに何ができるかを考え，「身近にできる国際協力」の企画書を作成する。(2時間)	・学習を振り返らせるとともに，準備したワークシートに従って，自分に何ができるのかの視点から企画書を作成させる。		③	②	企画書

○年○組で「国連クラス会議」を開くことになりました。あなたは南北問題の解決に貢献できる「身近にできる国際協力」について考え，自分たちにできることをみんなに提案することになりました。そのための説得力ある企画書を作りあげてください。

(2) グループとクラス全体で，企画を提案し，話し合う。(2時間)	・企画をグループで提案させ，グループで選ばせ，クラス全体で発表させ，ベスト3を選ばせる。		①		話し合い場面の観察

7. ルーブリック（評価基準表）

学習活動	評価規準	学習活動における具体的な評価規準	評価資料	評 価 基 準		
				A (3)	B (2)	C (1)
1. バナナを生産する人々の暮らしを知ることから，問題をつかむ。 (1) バナナを生産する人々の暮らしを知る。(3時間)	知識・技能①	バナナを生産する人々の貧しい暮らし問題を理解することができる。	ワークシート1	バナナの生産者の貧しい生活が，自分の生活と関わりがあることに気づき，その関係を説明している。	バナナの生産者の貧しい生活が，自分の生活と関わりがあることに気づいている。	バナナの生産者の貧しい生活が，自分の生活と関わりがあることに気づいていない。
(2)「南北問題について何ができるかを考える」という問題をたてる。(1時間)	思考・判断・表現①	バナナを手がかりに南北問題を追究していく問題をつくることができる。	ワークシート2	自分の責任を意識した上で，南北問題について追究することで，自分に何ができるかを考えていくという問題を書いている。	南北問題について追究することで，自分に何ができるかを考えていくという問題を書いている。	南北問題について追究することで，自分に何ができるかを考えていくという問題を書いていない。

索　引

あ行

ICT　151
　——の効果的な活用　153
アクションリサーチ　29
アクティブ・ラーニング　50, 78, 141, 153
足場かけ　47
新しい学力観　68
生きる力　16, 68
イリッチ，I.　40
ヴィゴツキー，L. S.　46
SNS　152
オースベル，D.　46

か行

各教科の編成　57
学習指導要領　16, 60, 74
　——の歴史的変遷　65
学力　55
　——のレベル　135
学力論争　131
隠れたカリキュラム　40
学校教育法　55
カリキュラム　22, 32
　——の類型　36
カリキュラム・マネジメント　77, 84, 86,
　90, 96
カリキュラム統合　38
キー・コンピテンシー　14
技術的熟達者　23
逆向きデザイン　97
教育課程　22, 57, 61, 78, 101
教育基本法　54
教育スタンダード　14
教育評価　167
教育目標　120
教科カリキュラム　37
教科書　109

教師の力量形成　26, 28
経験カリキュラム　37
構成主義　45
行動主義　43
国際的な動向　14
子供中心主義　34
個に応じた指導　147
コンピテンシー　11, 49

さ行

最近接発達領域　47
シークエンス　36
思考・判断力・表現力等　18
資質・能力　10, 16, 77
資質・能力の3つの柱　17
資質・能力目標　67, 97, 119
指導要録　71
社会改造主義　35
社会効率主義　34
社会に開かれた教育課程　70, 75
ジャクソン，P. W.　40
授業時数　58
主体的・対話的で深い学び　142
情報教育　152
情報処理能力　156
ショーン，D. A.　23
諸外国の教育改革　12
真正の学力　47
真正の評価　50, 162
スキナー，B. F.　44
スコープ　36
潜在的カリキュラム　40
相対評価　71, 72

た行

単元指導計画　108, 110
単元設定の理由　121
単元の目標　122

知識・技能　17
知識基盤社会　11
知識中心主義　33
デジタル教科書　154
デューイ，J.　23, 113

な行

内容系列表　109
21世紀型スキル　14
年間指導計画　101

は行

発見学習　45
パフォーマンス　167
パフォーマンス課題　120, 123
反省的実践家　23
PDCAサイクル　29, 89, 105
評価規準　137
評価計画　100, 167
評価の3観点　133

標準テスト　163
ブルーナー，J.S.　45
プログラミング教育　157
プログラミング的思考　159
プログラム学習　44
ポートフォリオ　167
ポートフォリオ評価　168

ま行

学びに向かう力・人間性等　18
目標に準拠した評価　72
問題解決学習　113
問題解決評価　163

や行

有意味受容学習　46

ら行

リテラシー　11
ルーブリック　169

著者紹介

松尾　知明（まつお・ともあき）

法政大学キャリアデザイン学部教授。

福岡教育大学卒業後，公立小学校勤務。ウィスコンシン大学マディソン校教育学研究科博士課程修了（Ph.D）。浜松短期大学講師，国立教育政策研究所総括研究官等を経て，現職。専門は，多文化教育とカリキュラム。著書に『教育課程・方法論』(学文社)，『未来を拓く資質・能力と新しい教育課程』(学事出版)，『アメリカの現代教育改革』(東信堂)，『日本型多文化教育とは何か』『「移民時代」の多文化共生論』『多文化教育の国際比較』『多文化共生のためのテキストブック』『多文化教育がわかる事典』『21世紀型スキルとは何か』『アメリカ多文化教育の再構築』(以上，明石書店)，『多文化教育をデザインする』(編著・勁草書房) 等多数。

新版　教育課程・方法論
　　　　──コンピテンシーを育てる学びのデザイン

2018年 3 月 1 日　第 1 版第 1 刷発行
2024年10月20日　第 1 版第 5 刷発行

　　　　　　　　　　　　　　　著者　　松尾　知明

発行者　田中　千津子　　〒153-0064　東京都目黒区下目黒 3 - 6 - 1
　　　　　　　　　　　　電話　03 (3715) 1501 (代)
発行所　㈱学文社　　　FAX 03 (3715) 2012
　　　　　　　　　　　　https://www.gakubunsha.com

© Tomoaki MATSUO 2018　　Printed in Japan
乱丁・落丁の場合は本社でお取替えします。　　印刷　新灯印刷(株)
定価はカバーに表示。

ISBN978-4-7620-2765-9